为了消除老年贫困

城乡居民基本养老保险扶贫工作纪实

人力资源和社会保障部农村社会保险司
中 国 劳 动 保 障 报 社
组织编写

中国出版集团
研究出版社

图书在版编目 (CIP) 数据

为了消除老年贫困 : 城乡居民基本养老保险扶贫工作纪实 / 人力资源和社会保障部农村社会保险司 , 中国劳动保障报社组织编写 .-- 北京 : 研究出版社 , 2020.10
ISBN 978-7-5199-0936-9

Ⅰ . ①为… Ⅱ . ①人…②中… Ⅲ . ①养老保险 – 工作概况 – 中国 Ⅳ . ① F842.67

中国版本图书馆 CIP 数据核字 (2020) 第 195857 号

出 品 人：赵卜慧
责任编辑：寇颖丹

为了消除老年贫困
WEILE XIAOCHU LAONIAN PINKUN
——城乡居民基本养老保险扶贫工作纪实
人力资源和社会保障部农村社会保险司　中国劳动保障报社　组织编写

研究出版社出版发行
（100011　北京市朝阳区安华里 504 号 A 座）
北京建宏印刷有限公司　新华书店经销
2020 年 10 月第 1 版　2020 年 10 月北京第 1 次印刷
开本：710 毫米 ×1000 毫米　1/16　印张：21
字数：263 千字
ISBN 978-7-5199-0936-9　定价：60.00 元
邮购地址 100011　北京市朝阳区安华里 504 号 A 座
电话（010）64217619　64217612（发行中心）

序言

让贫困人口和贫困地区同全国一道进入全面小康社会，是党中央对全国人民的庄严承诺。党的十八大以来，以习近平同志为核心的党中央把扶贫开发工作提升到事关全面建成小康社会奋斗目标的新高度，全面打响脱贫攻坚战。人社部党组认真贯彻落实党中央、国务院决策部署，大力开展社会保险扶贫工作，进一步织密扎牢社会保障“安全网”，提升社会保险工作科学化、精细化水平。其中，城乡居民基本养老保险扶贫是社会保险扶贫的重要组成部分，是实现中央提出的到2020年底实现建档立卡贫困人口基本养老保险全覆盖目标任务的关键举措，在保障和改善民生、减少老年贫困、助力脱贫攻坚方面发挥了重要作用。

在党中央、国务院坚强领导下，2014年，国家建立统一的城乡居民基本养老保险制度，为广大低收入或无收入群体老年生活提供制度性安排，城乡居民养老保障实现从无到有的历史性跨越，向人人享有养老保险的目标迈进。2017年，人社部、财政部、国务院扶贫办三部门联合发文，明确提出为建档立卡未标注脱贫的贫困人口、低保对象、特困人员等困难群体，由地方政府为其代缴城乡居民基本养老保险费；2018年提出在脱贫攻坚期内实现贫困老人城乡居民基本养老保险待遇应发尽发；2020 年进一步聚焦户籍不在本省的建档立卡贫困人员参加基本养老保险问题，完善工作机制，持续巩固扩大应保尽保成果。2017 年至 2020 年上半年，共为 1.14 亿人次代缴城乡居民基本养老保险费 123.5 亿元。贫困人口基本养老保险参保率超过 99.99%，基本实现应保尽保，扶贫成效显著。

一路走来，全国人社系统的同志们逢山开路、遇水架桥，以扎实的工作作风和钉钉子精神，落实城乡居民基本养老保险扶贫政策，涌现出不少感人事迹和典型事例，值得推广和纪念。《为了消除老年贫困——城乡居民基本养老保险扶贫工作纪实》一书，综述城乡居民基本养老保险扶贫工作实践历程，收录各地实践经验、典型事迹以及重要事件，为助力脱贫攻坚、完善城乡居民基本养老保险制度和衔接实施乡村振兴战略提供经验借鉴。

在决战决胜脱贫攻坚即将收官、全面建成小康社会即将实现的关键阶段，本书的出版，将鼓舞激励全国人社系统在以习近平同志为核心的党中央坚强领导下，咬定目标、一鼓作气，以更大的决心、更实的责任、更精准的举措深入推进社会保险扶贫工作，不漏一人，不少一个，为夺取脱贫攻坚战全面胜利作出更大贡献。

2020.10.10

目录

开篇

脱贫攻坚战　社保再发力

2020年是决战决胜脱贫攻坚的收官之年。在抗疫尚在艰苦鏖战的3月6日，中央召开党的十八大以来脱贫攻坚方面最大规模的会议，习近平总书记发表重要讲话，动员全党全国全社会力量，以更大的决心、更强的力度推进脱贫攻坚，确保取得最后胜利。

全面打赢脱贫攻坚战，社保扶贫是一条重要战线。老年人、患病者、残疾人原本就是精准扶贫的重点和难点，在目前尚未脱贫的551万建档立卡人口中，这几类群体所占比重高达45.7%，需要综合运用各项社保制度实现兜底保障；更何况今年上半年，新冠疫情暴发，使部分群众因疫致贫返贫的风险上升，落实相关政策和工作措施的难度亦加大。

面对新形势、新困难，社保战线坚决贯彻中央部署，在脱贫攻坚方面下真功夫，用大气力——继续全面实施全民参保计划，推进新业态从业人员职业伤害保障，扩大失业保险保障基本生活范围，特别是在城乡居民基本养老保险方面推出五大举措：

信息比对，应保尽保。城乡居民保险（以下简称“城乡居保”）制度自全面普及以来，已连续6年保持了5亿多人参保的高覆盖水平。2018年后又结合脱贫攻坚，开展了全方位、多层次、持续性的信息比对。大数据核验结果表明：在全体参保者中，贫困人员（包括建档立卡贫困户、低保户、特困家庭人员）约占13%，是社保精准扶贫的重点群体，据此施行了参保代缴、到龄必发政策。2020年一季度，新一轮全国联网信息比对辐射7700多万建档立卡贫困人员，检索出68万人无参保记录，虽然占比不足1%，但确属城乡居保的盲点和死角。对此，从中央到省市县直至乡村，逐户核查，人社系统相关部门逐人落实，目前已将99%以上的新列或遗漏贫困人员纳入。这种大规模比对开创了公共部门间信息广泛、深度共享的新机制，进而实现了对未参保贫困人员消除存量、解决增量的精准"清零"管理。这样的定期比对信息工作还将按季度持续进行，确保贫困人员新增一个纳入一个，达龄一人发放一人。

适应流动，跨地协作。城乡居保执行户籍地参保规则，在本地常住人口参保基本稳定后，全面覆盖的难点聚集在人户分离群体——一部分贫困人员去户籍地外打工或居住，他们的贫困认定、保费代缴、应发待遇支付等涉及地区间的责任和资金安排，亟须建立跨区域的行政协作机制。针对这一流动性矛盾，有关部门出台新政策：对户籍不在本省、符合参保条件的建档立卡贫困户，由认定地协助其填报相关材料并进行审核，及时向其户籍地推送信息，由户籍地办理参保手续，落实代缴保费，对符合条件的贫困老人发放规定待遇。这是自城乡居保制度建立以来的一大政策优化，切合我国人口高流动状态的实际，是对症下药的一剂良方。

提高待遇，普惠居民。经过几度调整，2019年底，全国城乡居保基础养老金达到人均每月140元（其中全国统一的最低标准88元），加上个人账户养老金，合计达到人均每月160元。中央决定，今年再次提高城乡居保基础养老金最低标准。这一政策直接惠及1.6亿养老金领取者，特别是其中约占18%的贫困老人。加上各地依据实际情况提高待遇标准，预计到年底，全国人均月基础养老金将超过150元，再加上个人账户养老金的自然增长，全年人均基本养老金有望超过2000元，这对实现现行标准下（全国平均3000多元）农村贫困人口全部脱贫目标是一个很大的助力。

只加不减，再延5年。开设新农保、城居保试点之初，就确定了对低保对象等实行累加待遇、不冲减既有福利的政策，体现了国家对困难群体的格外关怀。城乡居保全面普及后，确定在“十二五”期间维持这项政策，后来又延续执行到“十三五”期末，最近进一步明确：“十四五”期间，在认定城乡低保对象时，中央确定的城乡居保基础养老金暂不计入家庭收入，使这一向最低收入群体倾斜的惠民政策再延续 5 年。

重点指导，挂牌督办。去年底全国还有 52 个贫困县未摘帽，习近平总书记称之为贫中之贫、困中之困，是最难啃的硬骨头，要求实行挂牌督战，确保如期脱贫。人社部和有关省、市（地、州）对这 52 个县实行单独调度，给予专门指导，压实工作责任，督促政策落实。目前，在城乡居保方面，已有 40 个县实现了未参保人员全部“清零”，时间过半，完成任务过四分之三，其余 12 个县也正在加紧推进。

人社领域社保扶贫的新举措、新成效，从一个特定角度，再一次彰显了党和政府“人民至上”的治国理政理念，再一次印证了在中央统一领导指挥下集中力量办大事的制度优势，再一次体现了中国为全球减贫事业所做的历历可数的实在贡献，同时也为社保工作提供了许多新启示。

其一，抓重点。社会保障制度的核心功能是防范和降低社会成员普遍和重大的经济风险。而社会成员中可能遭遇重大风险的是那些低收入、就业不稳定、家有病残的群体，因而在施行普遍保障基础上，重点关注和保护相对困难群体，作出专项安排、给予政策倾斜是社保制度的应有使命。社保扶贫中瞄准、盯死建档立卡贫困户并对其施以援手的经验，可在其他社保工作中加以借鉴。如职工养老保险中更多关注灵活就业人员、农民工群体，失业保险更多关注长期失业、低技能群体，工伤保险更多关注高职业风险和新业态从业人员等。有效缓解这些群体的基本生活困扰，不但可减轻他们的后顾之忧，而且也为全社会的稳定创造了更宽松的环境。

其二，通信息。当今社会，信息的价值与日俱增。近6年，农村贫困人口减少9000多万，扶贫脱贫走向精准高效，信息化起到至关重要作用。城乡居保与脱贫攻坚紧密结合，参保数据与建档立卡数据建立直接比对通道，在此技术基础上，各级政府有足够底气承诺贫困人口“新增一个纳入一个，达龄一人发放一人”。在未来社保发展中，全民参保、提高统筹层次、规范政策标准、严格资金监管都是高难度必考题，抓住了信息化这个关键，一方面建立完善全国统一的数据库和管理服务平台，另一方面大力推进多用途电子社保卡等个人用户端建设，让社保信息准起来、流起来、连起来，定能取得事半功倍之效。

其三，贵以恒。社会经济在发展，人民对美好生活的期望值也在提高。脱贫攻坚战取得决胜成果、全面建成小康社会后，我国绝对贫困的“现行标准”定将水涨船高，扶贫减贫依然任重道远，社保扶贫也仍然在路上。我们要以“钉钉子精神”，不停步、不懈怠，持之以恒地做好各项扶贫工作。2018年制定发布的有关城乡居民基础养老金正常调整机制的指导意见，在今年首次付诸实践，是个好开端。可以结合制定“十四五”规划，把稳步提高全国城乡居民基础养老金最低标准作为持续助力脱贫的政策要点之一，争取带动城乡居民人均养老金水平在2025年达到3000元左右。由此联想到，养老保险全国统筹、深化医疗保障制度改革、建立全国统一的社会保险公共服务平台等都是社保领域长期性工作，中央重大决策已经作出，但困难和矛盾不少，需要各级社保人不忘初心，坚定信心，保持恒心，积跬步以至千里，聚小流而成江海。

胡晓义
2020年10月

原文刊发于《中国社会保障》杂志

综述

织密保障网，兜牢脱贫底线
——党的十八大以来城乡居民养老保险助力脱贫攻坚综述

年过花甲的马成云，没缴一分钱就领到了养老保险金。

马成云家住宁夏回族自治区固原市，是建档立卡贫困人员，多年来靠收废品维持生计。2017 年，宁夏出台政策，为 60 岁以上未参保特困人员补缴 15 年养老保险费并发放待遇。固原市社保中心为马成云发放了城乡居民养老保险待遇。领到养老金时，马成云说："一年下来有 1920 元，全家低保年收入还有 5280 元，生活有了保障。"

马成云是社会保险扶贫的受益者之一。党的十八大以来，人社部党组深入学习贯彻习近平总书记关于扶贫工作的重要论述，高度重视社会保险扶贫工作，将其作为贯彻落实党中央、国务院打赢脱贫攻坚战决策部署的重要举措，先后牵头出台《关于切实做好社会保险扶贫工作的意见》《关于加快实现贫困人员城乡居民基本养老保险应保尽保的通知》《关于进一步做好贫困人员基本养老保险应保尽保工作的通知》等，围绕 2020 年实现贫困人口基本养老保险全覆盖的目标任务，开展建档立卡贫困人员基本养老保险应保尽保专项工作。

全国人社系统充分发挥城乡居民养老保险助力脱贫攻坚的作用，在"入口处"降低门槛，实现贫困人员应保尽保；在"出口处"提高待遇，助力贫困人员精准脱贫；在"过程中"优化服务，促进贫困人员公平享受服务；通过大规模"找人"一一落实帮扶措施，确保参保代缴“一个都不少”。

截至2019年底，全国贫困人员养老保险参保率已达99.99%，基本实现应保尽保。

在“入口处”降低门槛
在“出口处”提高待遇

“感谢党的好政策，让我们一家享受了低保、城乡居民养老保险代缴保费等政策。如今我干起事来更有劲了。”说起自己的经历，江西省九江市濂溪区莲花镇东城村贫困人员杨相付有些激动。

杨相付是当地第一批建档立卡贫困人员。妻子身患重病，没有工作能力，他一只眼失明，在外打工时脚部受伤造成残疾，家里还有一个年幼的孩子，一家人生活异常艰难。按照政策，夫妻二人的城乡居民养老保险费均由政府代缴，加上其他扶贫政策的帮助，一家人的日子好了起来。

社会保险扶贫是精准扶贫的重要内容，是兜住脱贫底线的有力举措。面对部分贫困人员缴不起费和部分60周岁以上老人没有养老金的情况，如何实现应保尽保？

2017年，人社部与财政部、国务院扶贫办联合出台《关于切实做好社会保险扶贫工作的意见》明确表示，对建档立卡未标注脱贫的贫困人口、低保对象、特困人员等困难群体，参加城乡居民养老保险的，地方政府为其代缴部分或全部城乡居民养老保险费。2018年，人社部办公厅印发通知，脱贫攻坚期内，对年满60周岁、未领取国家规定的基本养老保险待遇的贫困人员，可以将其纳入城乡居民养老保险制度，按月发放待遇。在政策帮扶下，贫困人员跨进了城乡居保的“门槛”。

人社部成立社会保险扶贫专项组，在部扶贫工作领导小组指导下主抓社会保险扶贫工作。专项组围绕时间节点，着眼贫困人员数据应核尽核、贫困老人养老金应发尽发、贫困人员养老保险应保尽保三个目标，制定基本养老保险应保尽保专项工作方案。人社部农保司统筹协调应保尽保专项工作。部社保中心督促指导各地社保经办机构核实人员信息、落实扶贫政策，推动参保扩面。部信息中心为各级行政部门和经办机构调度情况、推动工作、分析形势提供数据和技术支持。省级以下相关单位按照部里统一部署，密切配合，形成工作合力，整体协调推进。

2019年，全国共为2529.4万建档立卡贫困人口、1278.7万低保对象、特困人员等贫困群体代缴城乡居民养老保险费近42亿元，为2885.5万贫困老人发放养老保险待遇，使6693.6万贫困人员受益。全国5978万符合条件的建档立卡贫困人员参加基本养老保险，参保率达到99.99%，基本实现贫困人员基本养老保险应保尽保。

既在“入口处”降低门槛，又在“出口处”提高待遇。2018年，经党中央、国务院同意，人社部、财政部印发指导意见，提出建立激励约束有效、筹资权责清晰、保障水平适度的城乡居民基本养老保险待遇确定和基础养老金正常调整机制，并在当年提高了城乡居民基本养老保险基础养老金标准，更好保障贫困老人的基本生活。到2020年上半年，全国所有省区市及新疆生产建设兵团都出台了具体实施意见。

截至2019年底，城乡居民养老保险月人均待遇水平约160元，其中基础养老金约143元；全国城乡居民养老保险参保人数53266万人，其中60周岁以上实际领取待遇人数16032万人。城乡居民养老保险对减少老年贫困、助力脱贫攻坚发挥了重要作用。

大规模“找人”参保代缴“一个都不少”

吉林省双辽市社保局城乡居民养老保险科科员张松，得知大富村贫困村民王玉红在外务工但没有参保，马上与她取得联系。

“由于在外地，她觉得回家办理参保手续路途远，还影响工作收入，所以参保意愿不高。”张松说。

张松向王玉红介绍了贫困人员参保代缴政策，表示可以简化办理流程，她只需将参保所需证件邮寄到社保局就可以。经过多方努力，王玉红终于登记参保。

“养老保险能为无收入或低收入老人提供长期稳定保障。16周岁以上符合条件的贫困人员都应纳入养老保险，缴不起费就由当地政府代缴，60周岁以上贫困老人没有领养老金就发养老金，没参保的必须把他们都找到。”人社部农保司司长刘从龙说。

2017年，全国人社系统开启大规模“找人”工作。

人社部农保司、社保中心、信息中心各尽其责、密切配合，完善扶贫政策、优化经办流程、提供信息支持，指导全国有建档立卡贫困人员的25个省区市人社部门和市县乡村相关工作人员共同做好这项工作。

针对贫困地区信息化建设薄弱，无法及时准确掌握贫困人员数据的情况，人社部与国务院扶贫办签订信息共享协议，印发《人社部办公厅关于利用人社扶贫信息平台做好社会保险扶贫数据核实报送工作的通知》。人社部定期将国务院扶贫办提供的建档立卡贫困人口数据与部数据库进行比对，对疑似未参保人员数据进行标识后下发各省份，指导各地利用人社扶贫信息平台，建立上下协同的数据核实报送机制，精准定位参保扩面重点人员，推动贫困人员精细化管理，形成全国社会保险贫困人员基础信息库。一系列举措，改变了以往管地方要、等地方报的工作方式，实现工作情况实时上传下达，工作效率明显提高。

“如果系统里有某个人的缴费或领取待遇记录，说明参保了，就排除掉。剩下的贫困人员如果在系统里找不到缴费或领取待遇信息，我们就将数据推送给地方。地方核实后去找人，找到后该参保参保、该代缴代缴、该发放发放。”刘从龙介绍。

各级社保经办机构想尽办法与贫困人员建立联系，千方百计“找人”。他们以群众喜闻乐见、通俗易懂的形式，广泛动员群众参保，确保贫困人员参保“一个都不少”。

“我老太婆这么大年纪了还是第一次遇到这种好事，以后也能端上国家的‘铁饭碗’喽！”贵州省惠水县91岁高龄的易地搬迁贫困人员杨银翠心里乐开了花。杨银翠搬迁前居住在深山，交通不便，没有参加养老保险。惠水县人社干部上门排查时发现了这一情况，迅速为老人办理了参保手续并按照相关标准为她补发了3140元养老金。

推动应保尽保的过程也是打破梗阻的过程。不少地方在摸底调研中发现，因信息录入准确性低、户籍空挂等情况无法参保的大有人在。为解决参保各种“疑难杂症”，人社部门打通跨部门数据共享通道，创新工作方式，解决群众急事、难事和揪心事。

陕西、甘肃两省人社部门携手合作、高位推动、特事特办，让年事已高、身患疾病的张淑琴足不出户就跨省办理了养老保险待遇领取手续，并领取了补发的养老金3426元。人社部对全国户籍在外省区的建档立卡贫困人员进行摸排，积极协调有关部门并联合下发通知，明确了此类人员参加城乡居民养老保险的地方责任。同时，人社部在人社扶贫信息平台增加跨省协作办理功能模块，制定了具体的经办规程，让地方人社部门的“特事”变成了“常事”、群众的“烦心事”变成了“暖心事”。

人社部按照“扶贫成效要经得起检验”的要求，减少人为干预、减轻基层负担，确保核验工作的科学性、核验结果的有效性，研究制定应保尽保数据核验方案。利用部级全民参保登记库和联网监测库数据，创新核验方式，采取网上数据验证为主、随机实地抽检为辅的方式，对各地建档立卡贫困人员参加基本养老保险情况开展核验。

2020 年上半年，全国共为 3372 万贫困人口代缴城乡居民养老保险费 37.5 亿元，5917.71 万建档立卡贫困人口参加基本养老保险，其中领取待遇人员 1703.7 万人，参保率超过 99.99%，基本实现贫困人口基本养老保险全覆盖。

在“过程中”优化服务
让群众少跑腿不跑腿

从宁夏彭阳县双树村搬迁到银川市月牙湖乡的杨树英，每月在家门口的便民服务网点就能领取养老金，不用再为了养老金，每月走几十里山路进城了。家住银川市宝湖社区的田立成通过“掌上 12333”，动动眼、摇摇头，进行身份验证后就能完成待遇领取资格认证。

经办服务能力的不断提升，“不见面”“掌上办”的大力推行，打通了服务“最后一公里”，让贫困群众切身感受到“社保服务就在我身边”。

人社部深化“放管服”改革，开展“解民忧、转作风”专项行动，根据社保经办服务堵点、难点、痛点，查找原因、简化手续、优化和再造流程。全面实施“互联网＋社保”工程，以信息化为支撑，充分运用互联网、大数据等信息技术，积极推进跨部门社会保险扶贫数据共享，切实提高经办服务质量和效率，努力实现群众办事异地业务“不用跑”、无谓证明材料“不用交”、表格信息“不用填”。从中央到省、市、县、乡镇（街道）的五级社会保险管理体系和网络基本形成。

人社部聚焦“三区三州”等深度贫困地区和群众反映强烈的转移接续等问题，不断加强基层经办机构能力建设，推动转移接续业务联网办理、顺畅衔接，全面优化经办流程、缩短办理时限、取消参保缴费凭证、建立督办协调机制。人社部还在国家社会保险公共服务平台开通转移网上申请和进度查询服务，截至 2019 年 9 月，全国 32 个省区市均已接入社会保险关系转移系统。

各地推进社保经办信息化建设，让贫困人员既“有钱领”，又“方便领”。疫情期间，吉林省社保信息系统发挥省级大集中一体化信息系统优势，通过“不见面”方式为贫困人员办理业务；广西壮族自治区通过运行社会保险经办管理信息系统，实现社保业务一网通办、一事通办、异地通办，让群众少跑腿乃至不跑腿。

基层社保经办队伍是社会保险扶贫主力军。为了充实基层经办力量，云南省怒江州等贫困地区采取政府购买服务、增加公益性岗位、聘用合同工等方式增建队伍；吉林省在每个乡镇、街道都配备 1 至 2 名社保协理员，并建立奖励机制，切实优化上门服务；四川省泸水市定期开展乡镇一级社保经办人员轮训，提升基层社保经办人员素质和服务意识。

社会保险扶贫红利不断释放的背后，是基层社保经办队伍的苦干实干。在平均海拔 3000 米以上的四川省阿坝州，农牧民“逐水草而居”且高度分散。环境艰苦挡不住战贫的脚步，数十个“马背宣讲团”“摩托车工作组”千里驰骋，核实信息、宣讲政策、上门办理参保手续，用真情服务架起一座座社保“连心桥”。2020 年 6 月，阿坝州全面完成社会保险扶贫工作，实现社保全覆盖。

为了把惠民政策讲明白，让民生红包“飞入贫困群众家”，贵州省从江县人社局干部、下江镇秋新村第一书记刘志科挨家挨户用苗语宣传。村民以白天干农活为由，没少让他吃“闭门羹”。田间地头、摸黑搭夜，他不停地讲，村民们总算转变观念，开始主动了解社保政策。后来，秋新村参保人数从最末逆袭为全镇第一。

为了保证每一名贫困人员不掉队，基层人社干部还根据困难群众实际上门服务。“我和老伴去外地看病，在数九寒冬的日子，社保协理员来了 3 次才见到我们，告诉我们可以领养老金，还帮我办了银行卡。我们真没想到靠天吃饭的老农民可以领养老金。”吉林省延边州罗子沟镇创业村贫困人员翟庆德说。他家地处偏远地区，冬天大雪封路，车根本走不了。社保协理员为了让他和老伴尽早拿到养老金，硬是走了十几里路找到他们。

决战决胜“最后贫困堡垒”，兜底“最后一批人”，城乡居民养老保险的暖阳照亮了贫困角落。“十谢共产党，养老把你想，以前抚儿来防老，现在丢心（意即‘放心’）政府养，党的恩情永不忘，誓把忠心献给党，紧紧跟着党中央，幸福日子万年长！”过上小康生活，贵州省遵义市群众自发编写歌谣，唱出了贫困群众的心声。

城乡居民养老保险扶贫典型事例

全面排查底数　做好数据核实

——山西省做细做实城乡居民养老保险扶贫信息数据工作

文 / 张逸轩

山西省是全国扶贫开发工作重点省，全国 14 个集中连片特困地区，山西省就有两个，分别是吕梁山和燕山—太行山集中连片特困区，全省 117 个县（区）中有 58 个是贫困县，贫困人口 288 万人。为助力打赢脱贫攻坚战，山西省人社部门以基本养老保险扶贫为重要抓手，全力做细做实贫困人员基本信息数据的比对核实工作，将贫困人员全部纳入基本养老保险保障范围，实现“应参尽参、应发尽发、应保尽保”。截至 2019 年底，山西省 218.73 万名符合参保条件的建档立卡贫困人员全部参保，参保率、代缴率、发放率均实现 100%。

全面排查　摸清扶贫底数

2017 年 8 月，山西省在做好社会保险扶贫工作的实施意见中明确提出，建档立卡贫困人员参加城乡居民养老保险，由当地政府参照“重度残疾人、低保户等缴费困难群体”标准代缴其最低标准的养老保险费，明确将贫困人员纳入社保政策兜底范围。2018年2月，山西省人社厅主动与省扶贫办沟通，将贫困人员参保率、代缴率均达到100%，列入贫困县脱贫指标。然而，在政策落实中，山西省人社部门却发现，有部分贫困人员由于各种原因无法参保。为进一步摸清扶贫底数，当年8月，山西省人社厅组织人员，兵分多路，对全省当时认定的所有贫困县的社保扶贫工作开展了系统性摸底调查。

人社部门通过摸底调查，发现有部分贫困人员因基本信息有误而不能参保或者不能享受代缴政策的情况存在。大同市天镇县2018年建档立卡贫困人口为47518人，参保36112人，在未参保的11406人当中，存在部分符合参保条件的建档立卡贫困户未参保或没有享受代缴政策的现象，原因就在于部分贫困人员的身份信息不匹配或者是工作人员采集不到真实信息等。大同市天镇县32岁的夏晓红早年因打工导致腿部残疾，离异后独自带着两个孩子，属于深度贫困户。在建档立卡贫困人员信息中因其名字写成了夏晓弘，而身份证的姓名却是夏晓红，导致其因姓名信息不一致，无法办理代缴手续。虽然当地人社部门已经及时向相关部门反映了情况，但因贫困数据更新周期的缘故，需在下一季度公布的贫困人员信息修正后，工作人员才能为夏晓红完成代缴手续。

像夏晓红这样因姓名信息同音不同字而导致不能及时参保的现象不在少数，因建档立卡信息同贫困人员本人的信息基本对应，当地人社部门能快速找到贫困人员本人进行核对并修改信息。还有一种情况就比较麻烦——贫困人员上报的姓名信息同其身份证上的姓名不同，这就导致工作人员想要准确找到贫困人员本人都很难。吕梁市岚县农保中心工作人员曹俊驰反映，在其进行“代缴”工作时发现，贫困户李志光的身份信息有误，无法为其办理参保手续。曹俊驰多次到贫困户所在的村进行走访，却始终未打听到有关李志光的相关信息，只了解到有一名叫李志刚的贫困人员家庭生产生活情况同李志光相符。经过综合分析评判，吕梁市岚县农保中心最后确定贫困人员信息中的李志光确为李志刚。因贫困人员数据中的贫困人员姓名、身份证号均有误，工作人员需要协调公安、扶贫办等多个部门修改贫困人员数据，才能完成代缴工作。作为非扶贫工作牵头部门，要跨部门协调修改数据，手续多、工作难度大，给贫困人员及时办理参保带来了挑战。

和身份信息有误相比，更棘手的问题是，贫困户在认定其贫困身份地没有当地户口和身份证。太原市娄烦县上庙湾村的贫困户张存英，年幼便从四川来到山西定居，没有回过老家，也没有办理过身份证。因此，虽然她在娄烦县被认定为贫困户，也符合参加城乡居民养老保险的条件，但因没有当地户口，也没有身份证，工作人员无法为其办理参保手续。

在摸底调查过程中，山西省还发现有采集不到真实信息等其他情形存在。运城市盐湖区城乡居保养老中心主任刘卫东在实际工作中，就遇到很多因为采集不到准确信息而无法完成参保的情况。比如盐湖区冯村乡杜村的吴大爷，原有的身份证已经过期，因其长期患有精神疾病，自己无法办理新的身份证，在达到领取待遇年龄时，工作人员也无法为其办理待遇领取手续；又比如一些人常年在外联系不到；还有些人在外打工时重复参保等。这些问题都影响着基本养老保险扶贫政策的落地落实。此外，因城乡居民基本养老保险一年只缴费一次，而贫困人员的信息多为按季度更新，产生了无法及时代缴的问题。

针对调研过程中发现的问题，2018 年 11 月，山西省人社厅下发了《关于全面实现贫困人员城乡居民基本养老保险应保尽保的通知》（以下简称《通知》),《通知》明确要求通过比对全省基本养老保险数据库,为所有年满60周岁没有享受到基本养老保险待遇的贫困人员发放城乡居民基本养老保险待遇。同时,山西省人社厅还与省扶贫办、省财政厅、省民政厅等相关部门进行沟通协调,针对各地贫困人员信息录入准确性低、贫困人员名单动态调整等问题,及时调整相关业务经办系统,组织开展贫困人口信息核实。2019年3月,人社部搭建了人社扶贫数据信息平台,以此为契机,山西省对社保扶贫工作进行了再动员、再部署,利用全国人社扶贫信息平台,对全省288万贫困人员全面开展基本信息比对核实,准确掌握每一名贫困人员的具体情况。

多措并举　做好比对核实

“贫困人口数据比对核实是方法不是答案,是途径不是终点,是开始不是结束,是进一步做好做实社保扶贫工作的切入点,必须坚持目标导向、问题导向、结果导向,全面实现建档立卡贫困人口应保尽保。”在2019年4月16日召开的全省社会保险扶贫推进暨城乡居民养老保险工作会上,山西省人社厅副厅长贺德孝提出了做好贫困人口数据比对核实的要求。

所谓“比对核实”,不是对建档立卡贫困人口数据进行简单的分解比对,而是需要省、市、县、乡、村多级联动,多向协同,精准掌握每一名建档立卡贫困人员的具体情况和参保状态。省级人社部门先将全国人社扶贫信息平台下发的数据与全省基本养老保险数据库进行比对,对已参保的贫困人员做好状态标识之后,将处理过的数据通过全国人社扶贫信息平台下发到市县;市县人社部门对数据再次进行比对,根据身份信息分类筛选出16周岁以下人员、16—59周岁人员及60周岁以上人员，将筛选出的三类人员下发乡镇、村进行信息核对，核对的内容包括贫困人员的户籍地和个人身份证号是否正确，当前是否仍是建档立卡贫困户身份，是否与低保、特困救助身份重复，省级人社部门比对的参保数据是否准确等。省级人社部门再根据反馈的信息对参保数据进行比对，确定准确与否，并据此调查贫困人员的生存状态。

然而，在实际工作中，要做好数据的比对核实并非易事。虽然贫困人员的参保状态在人社系统内部就可以完成比对，但是低保、残疾等基本信息的比对，以及部分问题数据的修改完善，需要横向协调多个部门才能完成。晋城市是太行太岳革命老区，全市建档立卡贫困人员、低保人员、特困人员等困难群体共 10 万余人。面对因难以及时与民政、残联、财政等部门进行数据共享，而导致无法按时完成数据比对和落实参保等问题，晋城市人社局局长张新光主动与相关部门联系，不厌其烦地说明数据共享的必要性，经过十余天的沟通协调，终于与当地扶贫办、民政、残联和财政等部门建立了信息联动机制，解决了数据共享难的问题，为贫困人员及时参保提供了重要保障。

确保每一名贫困人员享受到政策红利，除了要解决数据共享的难题，还需要基层工作人员逐村、逐户、逐人、逐项对全省 288 万贫困人员核实信息。而基层经办人员一般都是通过政府购买服务聘用的村干部或一般村民。这些人员普遍文化水平偏低、年龄结构偏大，面对贫困信息核实的繁重任务往往心有余而力不足。为充分调动基层工作人员的积极性，晋城市出台了《村级代办员管理办法和奖励制度》，将年度服务费纳入市县政府年度目标责任考核加以落实，全市每年财政投入资金 660 余万元用于队伍建设。该市下辖的沁水县在“不忘初心、牢记使命”主题教育期间，还创新工作方法，创建了县—乡（镇）—村（社区）“三位一体”工作格局。在乡镇一级设立经办平台，村级聘用网格员，建立了“三机制一流程”工作方法，即：三级联动工作机制、“网格员代办帮办”工作机制、动态监测管理工作机制，实行统一的标准化办理流程，实现了参保登记、保费缴纳、待遇领取、权益查询、资格认证“五不出村”。

应保尽保　打通“最后一公里”

山西省明确提出，要及时掌握贫困人员的基本情况和未参保原因，有针对性地提供社保服务，为应参保而未参保的贫困人员办理参保手续、代缴保费或发放养老金，将未参保贫困人员纳入保障范围。为此，全省各级人社部门下大力气夯实数据，花大工夫核实信息，不断织密排查网络，打通基本养老保险扶贫应保尽保的“最后一公里”。

忻州市岢岚县地处吕梁山集中连片特困地区，属国家级深度贫困县。该县城乡居保中心工作人员在贫困人员数据比对核实中发现，有部分贫困人员因居住偏远进城不便或对政策认识不足而不愿参保。为此，岢岚县城乡居保中心的工作人员专门到贫困户家中，进行“点对点”沟通，将未参保困难群众及时纳入保障范围。

与忻州市岢岚县的情况一样，临汾市大宁县也存在少数困难群众不愿参保的情况。工作人员王俊珍在核实未参保贫困户贺康的具体情况时，由于农民下地干农活的时间早，连续几次吃了“闭门羹”。几番周折才见到了贺康的家人。经过了解，王俊珍得知在北京打临工的贺康因路途遥远不便回来参保，便主动添加了他的微信，让贺康把身份证、户口本的照片发到自己手机上，帮他代办了参保手续，实现让困难群众参保“零跑腿”。

要做到精准帮扶，工作人员除了要“点对点”沟通，提供上门服务外，还要为困难群众解决各种“疑难杂症”。2019 年 8 月，阳泉市平定县岔口乡大红岭村建档立卡贫困户马银怀向该县社保所反映，政府没有为其代缴保费。按照该县扶贫办提供的数据，马银怀是 1964 年出生，未达到发放待遇的年龄，但本人和村里都说其身份证有误，实际是 1946 年出生，应为其代缴养老保险费。在了解到情况后，平定县人社部门与乡政府、扶贫办、公安等部门进行了多次协调，并与相关部门一起到村里做了调查核实。最后，公安部门将其身份证出生年份修改为 1946 年，扶贫办做了数据更正，县社保所最终为其代缴了养老保险费。

此外，对无户籍的贫困人员，工作人员还及时协调相关部门为其办理户籍；对无法联系上的人员，工作人员通过向其亲属打听、公安查询等方式联系到本人；对其他符合条件未参保人员，工作人员也

山西省贫困老人领到养老金后幸福感增强

及时了解其未参保原因，并帮助他们解决实际困难，将其纳入保障范围……

社保扶贫应保尽保不仅在山西落了地，也落到了每一位贫困户的心坎里。朔州市山阴县71岁的贫困户兰护增从2009年起开始领养老保险金，因为村子离县城有十几里路，自己行动不便，老伴又生病在家，工作人员兰志高便主动当起了“店小二”，替兰护增去银行领取养老金，让他及时足额享受到每一笔养老金。2018年3月，兰护增的老伴石金芳也到了享受城乡居民养老保险待遇的年龄，但由于欠缴养老保费未能享受待遇。后来，山西有了为到龄贫困户直接发放待遇的政策，兰志高又帮石金芳“足不出户”办手续、领保费。2018年底，当石金芳接过兰志高代领回来的第一笔养老金时，感激地说：“十几年来老伴的养老金都是你帮忙领，如今俺的养老问题你又帮忙解决了。感谢你，感谢政府的好政策！”

作者单位：山西省人社厅

原文刊发于《中国社会保障》杂志

打好服务“组合拳” 当好群众“贴心人”

——吉林省创新城乡居民养老保险扶贫服务工作

“久困于穷，冀以小康。”精准扶贫是全面建成小康社会的重要抓手，社保扶贫作为精准扶贫的重要组成部分和有力举措，发挥着不可忽视的作用。将好政策落到实处，必须有优质服务来配套。为此，吉林省人社部门在实践中不断摸索、创新服务方法和便民手段，探索出通过提供优质服务打赢社保扶贫攻坚战的有效途径。

上门摸清底数：用双脚丈量贫困的土地

“只有把贫困底数摸清楚，把致贫原因分析清楚，把贫困人口分布搞清楚，才能确保财政扶贫资金用在刀刃上，精准到每一名贫困人员身上，真正发挥社保扶贫‘保基本’的作用。”吉林省人社厅厅长吴兰掷地有声。

摸清底数，是一场高难度的攻坚战。由于地理原因，吉林省贫困县大都位于长白山区，行政村分布较为分散，无论是信息传达还是业务办理，都极为不便，基层工作人员却需要对全省近 80 万名贫困人员逐一上门核对信息，从而剔除已参加基本养老保险和不符合参保条件的人员。为了加强排查力量，吉林省在每个乡镇、街道都设立了1至3名社保专职人员，在每个村（屯）、社区都设置了1至2名社保协理员，并建立奖励机制，以便切实做好社会保险扶贫的上门服务工作。

“我和老伴儿去外地看病，在数九寒冬的日子，社保协理员来了3次才碰到我们，告诉我们可以领养老金，还帮着我们办理了银行卡，我们真没想到靠天吃饭的老农民可以领养老金。”延边州汪清县罗子沟镇创业村贫困户翟庆德说，他家地处偏远，冬天大雪封路时车根本走不了，但社保协理员为了让他和老伴尽早拿到养老金硬是用脚走了十几里路找到他们。

用双脚丈量最贫困、最艰险的土地，用家国情怀兜住精准扶贫底线，在脱贫攻坚战役中，吉林省的每一名经办人员都把社保扶贫工作作为自己的“主战场”。

位于吉林省西部的通榆县是国家级扶贫开发工作重点县，是吉林省两个深度贫困县之一，贫困程度深、脱贫难度大。全县建档立卡贫困人口5万多人，其中有近一半的人需代缴城乡居民养老保险费。为了能让贫困人口尽早实现“应保尽保”，通榆县社保局城乡居保科副科长王天娇在怀孕期间，忍受着孕期的不适，带领同事硬是在一个多月的时间里，走遍全县16个乡镇，更新完成了覆盖全县7376名贫困人口的参保登记，实现了建档立卡贫困人口养老保险全覆盖。“今年开始，政府每年会为您代缴100元养老保险费。您除了不用自己缴费外，还会享受30元的政府缴费补贴。”将政策宣传单递到新增贫困人员手中时，王天娇和同事们都觉得肩上这份沉甸甸的责任落到了实处。

为了确保双辽市206个行政村全部实现政策宣讲入户，不管风吹日晒，还是雪天路滑，双辽市社保局局长李萍都带队下乡开展入户服务。为了掌握贫困户在家时间，她总是提前与村第一书记联系，确定好时间到贫困户家中宣讲政策。有时贫困户下地干农活，她就追到田间地头对贫困户进行宣讲。2019 年 5 月 21 日，在前往茂林镇日新村和育林村贫困户入户宣讲途中，正赶上下暴雨，车辆陷落泥潭，李萍带领同事与路过村民一起手推肩扛才把车子推出来，顾不上清理污泥，她坚持赶往贫困户家中。“路再难走也不能让贫困户等。”李萍坚定地说。

延边朝鲜族自治州是中国最大的朝鲜族聚集地，龙井市社保局工作人员朱丹智每次入户调查时接触最多的就是年龄较大、不懂汉语的朝鲜族群众，他经常一边说一边比画，但“阿迈”“阿巴依”们还是听不懂。为了能讲清政策、有效沟通，朱丹智暗下苦功，一字一句地学习朝鲜语。现在，他已经能用流利的朝鲜语走门入户进行政策宣讲、一对一地解答政策。在他和同事们的共同努力下，2018 年就完成了全市脱贫摘帽的阶段性目标。

经过基层工作人员的上门服务，截至 2019 年底，吉林省实现了对建档立卡贫困人口分类处理，精准施策。

对身份确认地和户籍地不一致人员，未参保的由建档立卡贫困人口身份确认地为其办理参保登记、代缴保费和发放待遇；已经在户籍地参保的由户籍地为其代缴保费和发放待遇；对外省户籍的建档立卡贫困人口，通过人社部“基本养老保险参保状态对比查询系统”核实后，为未参保人员在建档立卡贫困人口身份确认地办理参保登记、代缴保费和发放待遇；对失联的建档立卡贫困人口，人社、扶贫、公安、社保共同确认人员信息，核实没有死亡或意外情况的做好参保登记，纳入参保工作；对在外地治病、智障、身份证信息不全等建档立卡贫困人口，监护人、村部、公安或医院等部门共同证明后，将其纳入参保范围。通过努力，吉林社保扶贫切实做到“不漏一户”“不落一人”。

利用智慧社保："办事就简不就繁，服务就近不就远"

"我们与省扶贫办、省民政厅、省财政厅等部门建立贫困人员信息共享制度，定期对数据进行分析比对、排查、核实，确保各项信息数据准确。"吉林省人社厅农村社会保险处处长王海涛说。

吉林省社保扶贫坚持"办事就简不就繁，服务就近不就远"的原则，建立起社会保险大数据平台，将全省建档立卡贫困人口摸底排查的相关信息建成大数据，实现国家、省扶贫办平台联网管理，保证数据精准，对贫困户情况做到实时掌握。推出"阳光扶贫"监管系统等，助力脱贫攻坚。借助大数据技术，实现对贫困户精准识别、准确画像，分析贫困户的致贫原因，开展有针对性的精准帮扶。

吉林省各地还充分利用人社扶贫信息平台，开展人社扶贫情况动态跟踪及社保扶贫数据核实工作，动态掌握本地区贫困人员基本情况。舒兰市社保局局长武继有介绍，由于建档立卡贫困人员身份状态处在实时变化之中，舒兰市通过与乡镇保障所核实、调取社保数据比对，运用全国人社养老保险数据平台进行查询比对，将贫困人口身份标识详细备注形成台账，每月将贫困人口身份变化信息在扶贫平台上进行更新。"我们按月将已满 60 周岁的贫困人口及刚满 16 周岁人员名单发至乡镇保障所调查是否符合领取待遇条件、是否符合参保条件，统计后为其办理相关手续。"武继有说。

新冠肺炎疫情暴发后，吉林省社保系统发挥垂直管理体制优势，"不见面"社保服务全省"一盘棋"。发挥省级大集中一体化信息系统优势，"不见面"经办服务全省"一张网"。依托省级大集中一体化信息管理系统，发挥应用和数据大集中优势，启动全链条网上经办服务事项，全方位支撑助力“不见面”经办管理服务落地。疫情期间，通过电话、传真、QQ 群、微信群等“不见面”方式为贫困人员办理各项业务 2300 多笔，并要求经办机构做好记录，待疫情过后再补办相关手续。

创新服务方式：思路一变，天地宽

“在社会保险兜底功能上做好文章，就意味着为全市、全省乃至全国打开了农村贫困人口精准扶贫、永久脱贫的突破口。”时任辽源市社保局局长杨如军说。

辽源市有农村建档立卡贫困人口 28001 人。其中男 60 周岁以上、女 55 周岁以上，年老体弱的特殊困难群众 12657 人，占贫困人口总数的 45%，对于将近一半因老致贫、因病致贫的贫困群众，常规的扶贫措施收效甚微，难以保证永久稳定脱贫。面对这块脱贫攻坚中的“硬骨头”，辽源市社保局提出了“五点双享两救助”。即，低保标准提高一点、社保门槛降低一点、金融机构利（费）率下浮一点、政府补贴一点、个人自筹一点；低保与社保并行享受，参保人自领取养老金之日起，在未还清银行贷款前，用养老金偿还贷款，同时低保户继续享受低保待遇，直至每年所领取的养老金扣除偿还当年银行贷款本息余额，达到低保待遇和城乡居民养老待遇两项之和后，再取消低保待遇；享受大病医疗救助和残疾人保障救助。

辽源市人民政府与省直部门及金融保险单位签署了“五点双享两救助”精准扶贫战略协议，促进辽源农村建档立卡的困难群众稳定脱贫。

“我和老伴有了养老金后，生活越来越有奔头了，在儿孙面前也自信了。”辽源市东辽县金州乡福善村贫困户王广安和张连英老两口独自生活，均患多种疾病，之前一直靠子女救济。夫妻俩享受养老保险待遇后，每月实际收入1263元，每年实际收入1.4万余元，极大地提高了两位老人的生活水平。

东辽县德仁村80多岁的贫困户于桂芹老人一直依靠低保维持生活，在他看来，吃肉是件奢侈的事，现在有了养老金，他终于能“吃点自己想吃的，干些自己能干的事了”。

延边朝鲜族自治州政府通过建立“一张网”兜底扶贫保障机制，使全州特殊贫困群体实现了永久脱贫。银行、保险、社保、财政、扶贫办、民政相关部门协同作战，简化流程，使贫困户不掏一分钱，不用出抵押物，不出村甚至不出户就能办理参保手续，同时还能享受到州政府提供的100%的商业保险和优惠利息政策。

松原市前郭县则针对农村建档立卡贫困人口中，男满65周岁、女满60周岁的贫困人口占比达22%的实际，建立了“助保贷款、精准扶贫”保障机制，纳入当地民生工程，列入考核指标。通过以低息信贷支持、贴息贷款缴费、商业保险兜底联保的筹资模式、低保与社保并行等措施，帮助这部分贫困人员脱困。截至2019年末，该县帮助23个乡（镇）1300余名建档立卡贫困人员办理了“助保贷款”手续，让他们按月领取养老金。

强化培训：工欲善其事，必先利其器

“打好社保脱贫攻坚战，必须强化业务培训。培养一支靠得住的人才队伍，是打赢扶贫攻坚战的基础。”吉林省人社厅副厅长王喆认为，培训社保扶贫干部，要从锤炼工作作风、增强扶贫本领、开拓创新能力等几方面同步推进，做到“精准聚焦”，真正在实战中打造“攻坚铁军”。

为提高基层经办人员扶贫政策水平和业务能力，吉林省连续3年开展“送培训到基层”活动，省人社厅、省财政厅及省社保局共同组织到县（市、区）一级分片对乡镇（街道）、村（社区）人力资源社会保障事务所（站）工作人员进行培训，系统解读扶贫政策，并针对各经办环节经常遇到的问题阐述解决办法，直接指导经办人员熟悉政策，切实提升业务能力水平。3年来，全省共计培训基层工作人员8000多人次。

同时，吉林省人社厅要求各地在将《政府为建档立卡贫困人员代缴保费宣传单》《困难群体参保人员如需要提高缴费档次温馨提示》《致建档立卡贫困人员的一封信》《缴纳养老保险费情况确认表》等通知送交百姓前，还要有针对性地再次进行培训，以便更好地向贫困人口宣传政府代缴政策，使城乡居民养老保险助力脱贫工作落实到位。

延吉市社保局所在辖区内有10个街道、乡镇，共设有百余名社保协理员。为了提高社保服务水平，社保局组织专业人员上门培训，“不仅节约基层人员的时间，还可以现场解决问题”。延吉市社保局城乡居民养老保险科科长张君几乎每周都要和专业人员到基层进行培训。

“通过培训，我对参保缴费、待遇支付、待遇终止、防范养老金冒领等业务知识有了更加深入的理解。”延吉市朝阳川镇社保工作人员陈占雯说。她在培训老师的指导下创新工作方式，充分发挥各村妇女主任作用，积极和残联、扶贫办、民政部门协调对接，对农村低保、残疾人等扶贫对象的情况了如指掌。“只有熟悉贫困户的家庭情况，才能让他们认可你、信任你。”陈占雯说。

“打铁必须自身硬”，双辽市社保局为提升扶贫包保干部和工作人员的政策掌握程度和宣讲能力，将社保扶贫政策和其他部门的扶贫知识汇总成册，派发到每一个宣讲干部手中，组织扶贫专干进行授课，并对全局包保职工进行扶贫政策闭卷考试，测试合格率达到100%。

“2020年，脱贫攻坚已经进入决战决胜关键期，吉林省各地人社部门和社保经办机构将带着责任，带着使命，助力全国如期完成脱贫攻坚任务。在社保兜底保障上，将以更加优质的服务，完善动态纳入机制，稳定建档立卡贫困人口城乡居民养老保险参保全覆盖，实现应保尽保、应代尽代、应享尽享。”吴兰说。

吉林省人社厅党组书记

原文刊发于《中国社会保障》杂志

奏响宣传"交响乐" 清清楚楚算明账

——安徽省做好城乡居民养老险扶贫宣传工作

文 / 薛生

开展城乡居民养老保险扶贫，是贯彻落实党中央、国务院打赢脱贫攻坚战决策部署的重要举措，是进一步织密扎牢社会保障"安全网"的重要内容，是提升城乡居保工作科学化、精细化的重要途径，是人社领域聚焦精准扶贫的实际行动。把城乡居保扶贫政策理解透、宣传好，是如期高质量完成城乡居保扶贫任务的重要保障，意义重大。

铺天盖地 奏响扶贫宣传"交响乐"

为城乡居保扶贫政策的有效实施营造良好的宣传氛围，是提高政策知晓度、扩大政策受益面的重要途径。安徽各地对此高度重视，组织形成了强大的宣传攻势。

六安市地处大别山革命老区，属于集中连片特贫地区。全市 7 个县区有 4 个国家级贫困县、2 个省级贫困区，脱贫攻坚任务非常艰巨，城乡居保扶贫兜底任务比较繁重。为把城乡居保扶贫政策宣传到千家万户，六安市人社局除了通过广播、电视、报纸、网络等方式大力宣传社保扶贫政策外，还通过在村（居）委办公所在地、居民小区、公交站台设立政策宣传栏，张贴宣传标语，公交车上推出滚动字幕等多种形式，宣传社保扶贫的具体经办流程、条件、方法等等。通过铺天盖地的宣传，让建档立卡贫困人口等代缴对象及时知晓城乡居保惠民政策，从而增强他们踊跃参保缴费的主动性。在全市各级城乡居保战线的共同努力下，涌现出一大批自行缴费的贫困人员，全市有 10.4 万人在政府为其代缴的基础上，自己又多缴了保费，还出现了不少选择高档次缴费的贫困人员。

宣城市组织各乡镇安排流动宣传车，将城乡居保扶贫政策内容制成音频材料滚动播放，使城乡居民养老保险政策深入人心，做到家喻户晓。

宿松县为使社保扶贫政策入脑入心，制作印发了 3 万份城乡居保宣传单页，5000 多个印有宣传社保字样的手提袋直接送到参保人员手中，1 万条社保扶贫短信直接发送到贫困户手机上，把政策宣传落到实处。同时，宿松县还充分利用“千名干部下基层”、乡镇驻村科级干部进村入户等多种渠道宣传城乡居民基本养老保险的目的、意义以及养老保险补贴政策，重点宣传缴费档次、财政补贴、养老金标准和社保扶贫政策。使城乡居民基本养老保险这项“民心德政工程”真正深入人心，使参加城乡居民基本养老保险成为广大群众的内在要求和自觉行动。

异曲同工　弹好扶贫宣传“协奏曲”

善于借势是做好城乡居保扶贫政策宣传的重要法宝，充分利用有利时机进行宣传造势是扩大城乡居保扶贫政策宣传的有效途径。

六安市利用“春风行动”、12333全国统一咨询日、集市招聘、行蓄洪区专项招聘等平台，发放宣传彩页50万余份，发放印有社保扶贫政策的围裙、手袋、雨伞、折扇、台历等共计15万余件。通过多角度的广泛深入宣传，有效扩大了政策的知晓度。

阜阳市是农民工外出务工大市，该市每年利用春节前后农民工集中返乡的有利时机，配合“接您回家”活动，开展城乡居保扶贫政策宣传，收到了很好的宣传效果。

霍山县城乡居民养老保险管理服务中心借着县里送戏进村的“东风”，把城乡居保政策编成小品，随文艺演出团队一起下乡。他们请专人到村里采风调研了半个多月，集纳群众意见创作了《老古板参保记》，用方言形式将政策演绎出来。

安庆市太湖县要求各村（居）委借助“千名干部下基层”扶贫工作专班入户排查及合作医疗上门征收等契机，发动组织干部上门入户进行社保扶贫及城乡居保政策宣传，因人因家庭而异做好缴费档次登记确定工作，提高政策的知晓度和满意度。

黄山市黟县人社局加强与周边区县的协调沟通，做好政策宣传和建档立卡人员的参保缴费工作。户口在歙县的殷某，由于家庭矛盾等原因，不愿将户口迁至黟县进行参保，黟县居保中心工作人员通过电话、短信等多次与其联系，她都表示不参保。但工作人员仍然没有放弃，通过歙县居保中心联系到其户口所在地的村组工作人员，多次上门宣传城乡居保扶贫政策。在两县居保中心的共同努力下，殷某于2019年11月在户口所在地参保并完成了缴费。

通过贫困户现身说法的方式去宣传政策，往往会收到事半功倍的效果。亳州市谯城区华佗镇大王村的贫困户王效斌一开始对政府代缴养老保险费持怀疑态度，不愿意配合参保，认为一旦参保就不再是贫困户，不能享受其他扶贫政策了。针对王效斌的顾虑，华佗镇人社所工作人员3次上门为他做思想工作，耐心地向他解释政策，还让同村刚刚参保的贫困户一道进行现身说法，向王效斌解释按照脱贫攻坚的要求，对于已经稳定脱贫的贫困户，为了实现政策的连续性，坚持“脱贫不脱政策”，代缴养老保险费持续到2020年，真正打消了王效斌的思想顾虑，王效斌终于高高兴兴地办理了参保手续。在王效斌的带动下，该村所有未参保的群众也都积极地办理了参保手续。

自编自演　扩大宣传“朋友圈”

为提高城乡居保扶贫政策宣传的针对性、有效性，安徽全省城乡居保战线工作人员充分挖掘资源，想方设法扩大政策的受众面，提高政策宣传的有效性。

芜湖市南陵县弋江镇弋丰村的扶贫专干陈芳芳将城乡居保政策录下来在村里的大喇叭播放、通过微信群和朋友圈转发，收到了较好的宣传效果——该村的缴费水平高居全县第一。

同时，安徽全省还通过群众喜闻乐见的形式，把城乡居保扶贫政策宣传好，让广大城乡群众在潜移默化中了解政策。界首市人社局邀请渔鼓传人苗清臣创作城乡居保鼓曲《入居保》，利用行政村广播循环播放。六安市金安区居保中心工作人员利用道德讲堂、送戏下乡等契机，表演三句半《城乡居保进万家》和小品《居保助力幸福年》《厉害了，我的居保》。

金寨县双河镇人力资源和社会保障服务所的汪光云认识到城乡居保扶贫是真正可以解决群众老有所依、老有所养的好政策，于是为了解开贫困户的心结，实现全民参保，她率先垂范进村入户，带领着所里的骨干人员走遍双河镇的11个村。每到一个村，汪光云都集中全村所有村干部以及居民组组长进行居保政策宣讲。汪光云说，希望用自己的力量去让每一个人都了解这样的好政策。在她的带领下，帮扶干部走访贫困户进行一对一宣传，动员特殊困难群体积极参保实现代缴，将政策真正落到实处。为了提高保障水平，帮扶干部鼓励群众在力所能及的情况下自愿缴费，提高档次，最终实现全镇贫困人口参保不漏一人，为双河镇的脱贫攻坚工作奠定了良好的基础。

“给伴侣养老保险提个档，只为将来天朗气清，许你阳光雨露!”“我们用心良苦引导高档缴费，只为您老来不后悔。”太湖县利用情人节，让村里的电子屏幕亮起来，微信和QQ动起来……这些朴实无华的语言，让群众一下子就明白了参加城乡居保的意义。

同声传译　当好宣传“解说员”

毛泽东同志曾在《反对党八股》一文中告诫党的干部：“做宣传工作的人，对于自己的宣传对象没有调查，没有研究，没有分析，乱讲一顿，是万万不行的。”城乡居保扶贫对象大都文化水平偏低、年老体弱，要让城乡居保扶贫政策的宣传真正起到发动群众、引导群众的效果，如果照搬会议精神、照抄文件肯定是不行的。只有用他们愿意听和听得懂的语言去宣传、去引导才能达到事半功倍的效果。

岳西县人社局精心制作了《城乡居保政策宣传明白纸》，采取通俗易懂的问答方式，将各档次缴费及补贴标准、到龄后待遇领取估算、如何办理待遇领取手续、参保人死亡后如何办理注销及领取丧葬补助金手续、保险关系如何转移、长缴多缴是不是更划算等内容清楚地罗列出来，让人一看就清楚，一听就明白。

蚌埠市怀远县陈集镇永佛村城乡居保协理员年利丽在日常工作中，把城乡居保扶贫的政策文件“翻译”成通俗易懂、简单明了的大白话，以拉家常的方式跟群众讲政策。在群众听懂了政策的同时，她也拉近了与群众之间的距离，赢得了群众的信任和支持。现在，村里老人有的找不到银行卡，有的忘记银行密码，不能去银行取钱，就让年利丽帮他们去取，这就是绝对的信任！

打造一支“能说会道”的宣传队伍是做好城乡居保扶贫政策宣传工作的第一要素。阜阳市人社局对全市 2096 名乡镇（街道）、村（居）委员会社保专管员（协理员）开展了一次城乡居民养老保险基本情况问卷调查，市、县居保负责人进行阅卷评分，市级负责汇总梳理调查问卷评阅结果，并分成优、良、中、差四个等级，制成人员信息一览表。该市人社局把评阅结果反馈给各县（市、区），再由他们对中、差等级的镇（乡）、村（居）社保专管员（协理员）进行重点培训。针对评阅结果里“中”“差”两个等级的人员，专门举办了培训班，并邀请业务能力强、熟悉政策的同志详细讲解业务操作规程，总结传授宣传参保缴费的方法技巧，有效提高了经办人员业务水平，充分调动了他们的工作积极性，为更好地宣讲政策打下坚实基础。蒙城县人社局利用各乡镇（街道）集中召开镇村全体干部大会的时机，对全县 17 个乡镇 290 个村进行城乡居保特别是社保扶贫政策宣讲，通过面对面交流、细化解读、案例分析等方式，在提升县级经办人员理论水平、业务能力的同时，达到了与镇村两级人员相互交流、熟知政策、共同进步的目标。

精打细算　理清宣传“明白账”

广大城乡群众受传统思想观念影响，看重眼前利益，参加养老保险的意识还不强，有的即使参保了，也只是停留在低缴费、缴满15年的思想认识上。只有采取有针对性的宣传措施，让广大城乡群众明白参加养老保险的重要意义、实在好处，切实增强参保居民的获得感、幸福感和安全感，才能有力地促进城乡居民基本养老保险制度健康发展。这一点对贫困人员来说更为重要，也更为迫切。破解这一难题的最好办法，就是把账算清楚、算仔细，交给广大城乡群众一本“明白账”，让城乡居保这个党的好政策在他们心中扎根发芽，变“要我参保”为“我要参保”。

一是帮助群众算清“存钱养老”和“参加居保”的区别账。以500元15年为例，每年存款500元到银行，15年存款账户储存额为7500元加利息；参加城乡居保每年缴纳500元养老保险，以安庆市太湖县为例，补贴标准为65元，15年养老保险账户储存额为8475元加利息，比存银行本金多975元。除此之外，如果60岁后分139个月从两个账户支取养老生活费，银行账户每月可领取54元；养老保险账户每月可领取171元。71岁（139个月）之后，银行账户余额取尽，不可能再给支取；养老保险账户依然每月可领取171元，直至终老。哪个划算群众一目了然。

二是帮助群众算清“缴多与缴少、缴长与缴短”的利益账。拿每年缴纳200元、500元和3000元三个缴费标准，缴费15年做比较，缴纳200元的60岁后每月领取135.9元（25.9+110），缴纳500元的60岁后每月领取170.97元（60.97+110），缴纳3000元的60岁后每月领取

440.76元（330.76+110），71岁本金领完之后，三个缴费标准分别每月纯赚25.9元、60.97元和330.76元。若缴费30年3000元，粗略计算60岁后领取800多元，71岁之后每月纯赚700元。账算清楚了，群众对政策通透明白了，主动参保、自愿提档的养老保险意识自然也就提高了。

城乡居保扶贫的任务虽然基本完成，但是，查漏补缺的工作还要持续用力，提标提档扩面的任务还很艰巨，政策宣传还需持之以恒。利民之事，丝发必兴。让群众过上好日子是共产党员的初心和使命，更是城乡居保工作的价值追求。我们一定要以滴水穿石的精神，久久为功、绵绵用力，把党的好政策宣传好、落实好，让广大城乡群众共享经济社会发展成果。

作者单位：安徽省人社厅农保处

原文刊发于《中国社会保障》杂志

安徽省在“扶贫夜校”进行城乡居民养老保险扶贫政策宣传

应保尽保 “黔”程无忧

——贵州省实现易地扶贫搬迁移民城乡居民养老保险全覆盖

文 / 甘沁　陆毅

贵州是全国贫困面大、贫困人口多的省份之一。脱贫攻坚是全省一切工作的重中之重。2015 年，全国扶贫开发工作会议召开以来，贵州共实现易地扶贫搬迁移民约 188 万人，占全国总搬迁人口的 19.16%，贫困发生率从 2011 年的 33.4% 降至 2019 年底的 1% 以下。贵州省人社厅按照省委省政府部署，围绕易地扶贫搬迁“六个坚持”，统筹抓好“五个体系”，落实“搬得出、稳得住、能致富”的工作要求，使易地扶贫搬迁的建档立卡贫困人口实现了城乡居民养老保险的全覆盖。

一个也不能掉队

面对 188 万易地扶贫搬迁移民，如何让他们实现顺利搬迁，生活条件明显改善，享有便利可及的基本公共服务？按照“五个一批”工程的总要求，贵州省委发出了做好易地扶贫搬迁工作的动员令，出台了一系列政策性文件，实现社会保障兜底一批的目标。2016年，时任贵州省委书记的陈敏尔在惠水县调研时指示要切实做好易地扶贫搬迁移民的社会保障问题，贵州省人社厅为此出台了《关于做好新时期易地扶贫搬迁移民社会保障衔接有关问题的通知》，以“四个确保”织牢易地扶贫搬迁移民的社会保障网，发挥社会保障兜底扶贫功能，使他们搬得出、稳得住、能发展，解除他们搬迁的后顾之忧，政策允许易地扶贫搬迁移民自由选择养老险种（以灵活就业人员身份参加城镇职工养老保险或城乡居民养老保险）和参保地（迁出地参保或安置地参保）。2018年3月，贵州省人社厅下发了《关于切实做好社会保险扶贫工作的实施意见》，对未标注脱贫的建档立卡贫困人口、低保对象、特困人员等困难群体，参加城乡居民基本养老保险的，由地方财政按比例代缴部分或全部最低档次参保费用，减轻困难人群的参保缴费负担，助力其精准脱贫。

4年多来，贵州人社系统始终坚持以问题为导向，坚持调查研究、协调跟进、督促落实，以“四个确保”实现易地扶贫搬迁移民应保尽保、应发尽发、平稳衔接和服务便捷，让党的好政策、好声音传遍黔山大地，惠及所有易地扶贫搬迁移民。

40多岁的徐显富是黔西南州兴义市敬南镇淹凼村三组村民。在他的记忆里，一家人吃水靠挑、生活靠天，“离开大山”的话题从小就被村里人挂在嘴边。然而，40多年过去了，他依然没有走出大山。徐显富说，以前就听人说起过养老保险，自己也知道政策的好处，可面对窘迫的生活境况，他无力每年按期为自己和家人缴纳养老保险费。2018年，徐显富所在的村子被纳入易地扶贫搬迁范围，他同大多数人一样将家搬到了兴义市洒金新城安置点，成为兴义市的“新市民”，还被列入政府代缴养老保险名单。政府每年都为徐显富和他的家人代缴每人每年 100 元的保费，在帮助他融入城镇的同时有效地解决了他缴不起养老保险费的难题。

为了保证每一个像徐显富一样的贫困人员不掉队，基层人社干部还根据困难群众实际上门服务。2016 年，黔南州惠水县的人社干部上门排查时发现搬迁移民中 91 岁高龄的建档立卡贫困人员杨银翠，因其搬迁前居住在深山，交通不便而未参加城乡居民基本养老保险。随后，惠水县人社局在一周时间内为杨银翠老人办理了参保手续并按照相关标准为其补发了 3140 元的养老金。老人乐呵呵地说：“我老太婆这么大年龄了还第一次遇到这种好事，今后也能端上国家的‘铁饭碗’喽！”

政策虽好，但是在实际工作中，要让群众接受好政策并不是一件容易的事情。黔东南苗族侗族自治州从江县下江镇秋新村经济基础薄弱，村民大多听不懂汉语，文化素质也低，村里纳入易地扶贫安置的人数众多。村民对参加城乡居民基本养老保险认识不足，尤其是年轻人更是觉得养老问题离自己还很远，虽然有缴费能力，对参保却并不在意，甚至有部分群众干脆中断了自己的社保。

两年多前，刘志科由从江县人社局派驻下江镇秋新村担任第一书记。身为第一书记，刘志科白天上门挨家挨户用苗语宣讲社保政策。部分村民以自己要干农活为由，让他吃了不少“闭门羹”。倔强的刘志科不肯放弃，晚上自己一个人打着手电筒上门入户宣传社保政策。一天夜里突降暴雨，在去宣讲社保政策的路上刘志科一脚踩空，手电筒飞了出去，整个人摔下了几米深的土坎，昏了过去。等刘志科醒来的时候，发现自己的头部已被撞得鲜血直流。第二天，头上包着纱布的刘志科又继续上门宣讲。在他坚持不懈的努力之下，秋新村的老百姓被感化了。人们开始叫他“手电筒书记”，也纷纷开始了解社保政策，并逐渐转变观念，从“要我参保”变成“我要参保”。到2018年底，下江镇参保人数从倒数逆袭到全镇第一。刘志科用手电筒的光芒，照亮了群众的内心，也照亮了城乡居保政策发展的未来。

打通服务民生“最后一公里”

有关易地扶贫搬迁移民社会保障和做好社会保险扶贫工作的政策有了，落实的效果究竟如何？易地扶贫搬迁的困难群众，是否真正能够享受到城乡居民养老保险政策带来的红利？政策衔接过程中出现的问题该如何解决？要切实解决这些问题，人社干部就必须深入到基层一线，了解实情、落实政策、做好服务，真正打通民生改善的“最后一公里”。

为了确保搬迁群众养老保险关系平稳衔接，贵州全省人社系统坚持易地扶贫搬迁居民安置点建到哪里、社保经办工作就延伸到哪里。通过成立易地扶贫移民安置后续服务中心，合理配置社保经办窗口，配备干部、完善机制、强化功能、落实责任、下沉力量、靠前经办、宣传发动，确保每个安置点的社保窗口都能成为帮扶易地搬迁贫困群众的坚强战斗阵地。

面对各地工作中遇到的省内异地认定贫困人员的参保问题，贵州省人社厅下发《关于明确建档立卡贫困人口参加城乡居民基本养老保险相关问题的通知》，规定可以在贫困人员身份认定地参保，由认定地落实社保扶贫相关政策。

2016年，一个中年妇女带着一个60多岁的老人来到毕节市威宁县哲觉镇人社中心，反映家庭生活困难，无力赡养毫无收入的父亲，希望政府能够把老人送到养老院去。人社中心的工作人员解琳连忙用老人的身份证在社保系统里查询老人的基本情况。经查证，这位老人是外乡的贫困搬迁户，由于他长期居住在哲觉镇，一直没有回乡，以至于到龄多年都没有能够领取到城乡居民养老保险待遇。解琳当即向威宁县人社局汇报，并按照相关政策，就近为老人办理了养老保险待遇申请。老人的问题解决了，从那之后，老人逢年过节都会到哲觉镇人社中心来坐坐。当被解琳问及是不是生活中遇到了新困难时，老人笑着说："姑娘，我现在过得很好，我就是来看看你，你帮我解决了大问题呀……"

按照政策，贵州全省 14 个县（市、区）在政府财力物力有限的情况下，为保障易地移民中的老年建档立卡贫困人员生活，以生活补贴或增发基础养老金的形式，为 60 周岁以上易地移民中的建档立卡贫困人员每人每月增加 30—50 元的收入，增强了老人们的获得感。

由于系统中银行卡号等信息缺失，从铜仁市沿河县迁至该市碧江区响堂垅社区的搬迁贫困户陈天明老人，未能享受到每月增发的 30 元基础养老金政策，但该情况在城乡居民基本养老保险系统中没有提示异常。2018 年，铜仁市碧江区人社局按照坚决打通服务民生"最后一公里"的工作要求，通过上门排查核实情况后，立即为陈天明老人开辟绿色通道，完善了相关手续，确保其待遇得到按时足额发放。

为方便易地搬迁移民，让他们住得舒心少跑路，遵义市开展"减证便民"行动，主动通过部门间协作、信息共享的方式，获取贫困人员、重度残疾人员的特殊身份信息，无需易地搬迁人员主动申请。在办理转移业务时，参保人员递交资料后，工作人员负责联系办理转移业务，无需易地搬迁人员在转入地、转出地两头跑，确保搬迁前后参保人员利益的有效衔接。为保障易地搬迁贫困人员参保权益，及时为其办理参保、转移、领取等手续，确保搬迁前后参保和待遇一个样。

安顺市关岭县各乡镇为了确保搬迁群众养老保险关系平稳衔接，为搬迁人员办理参保信息衔接手续，让已参保人员搬迁后可在安置地继续参保缴费。搬迁群众迁入安置点后，根据其就业情况和意愿，为需要参加城镇企业职工养老保险的人员办理参保手续，为搬迁群众解决后顾之忧。已年满60周岁享受城乡居民基本养老保险待遇的人员，搬迁后可在安置地进行养老资格认证，不用回到搬迁前所属乡镇进行认证。

“以前抚儿来防老，现在丢心政府养”

“十三五”期间，随着贵州社保扶贫政策的精准推动，真正让搬迁移民获得了实惠。2018年，为了提高贵州省城乡居民特别是贫困老人的养老保险待遇，贵州省人社厅印发了《省人力资源社会保障厅 省财政厅关于2018年提高全省城乡居民基本养老保险基础养老金最低标准的通知》，在国家标准的基础上，从2018年10月起基础养老金每人每月增加5元，达到93元，增长率32.8%。这是2009年以来，在中央确定的最低标准基础上，贵州省首次在省级层面出台政策自行提高基础养老金标准，惠及全省400多万60岁以上的城乡居民，全年人均增加收入231元。

人社部办公厅《关于加快实现贫困人员城乡居民基本养老保险应保尽保的通知》下发后，贵州省各级人社部门采取多种方式，将年满60周岁、未领取国家规定的基本养老保险待遇的贫困人员，都纳入城乡居民基本养老保险制度中，直接按月发放城乡居民基本养老保险待遇。截至2019年12月底，贵州省60岁以上符合参保条件的建档立卡贫困人员除7人由于特殊原因未参保外，均已领取养老金。

除了完善政策，贵州省各地人社干部也积极作为，在平凡的岗位上为广大的搬迁群众及困难群众送去温暖和关心。了解到易地扶贫搬迁点有很多贫困老年移民，由于行动困难或搬迁后不熟悉金融机构位置等原因无法到银行网点领取养老金这种情况，六盘水市水城县社保局城乡居民养老保险股的谢富林主动协调合作银行，银行最终通过流动服务的方式上门解决群众取钱难的问题，近两年来共计流动服务 300 余次，服务人数 400 余人，为享受待遇的老百姓取款 100 余万元。

2019 年 8 月，遵义市正安县庙堂镇人社中心工作人员在核查资料时发现，该镇一名年满 60 周岁的搬迁移民没有办理城乡居民养老保险待遇领取手续。经过走访调查，工作人员发现这位老人既是贫困户，又患有精神疾病，长期害怕出门和接触陌生人，因此一直未办理二代

贵州省人社部门工作人员到田间地头为贫困群众进行城乡居民养老保险待遇领取资格认证

居民身份证和银行卡，社保待遇也无法申办。了解到这一情况后，正安县人社局迅速成立党员工作专班，协调公安机关，带上身份证办理设备到老人家中，当面为其办理好二代身份证。随后，专班人员又主动与银行对接，并与民警一起将他护送至银行柜台办理了银行卡。有了银行卡，专班同志马不停蹄地为其办理了社保相关手续，及时为他兑现了城乡居民养老保险待遇。

遵义市湄潭县过上了小康生活的群众自发编写出《十谢共产党》的歌谣传唱。"……十谢共产党，养老把你想，以前抚儿来防老，现在丢心（意即'放心'）政府养，党的恩情永不忘，誓把忠心献给党，紧紧跟着党中央，幸福日子万年长！"

作者单位：贵州省人社厅

原文刊发于《中国社会保障》杂志

借势户籍清理　实现应保尽保

——甘肃省全面开展“脱贫攻坚户籍清理整顿专项行动”

文／滕兴庆

贫困人员享受国家扶贫优惠政策、养老保险等都与户籍息息相关，如果没有户口或户籍登记信息错误，最终将影响脱贫攻坚工作。为切实解决甘肃农村地区部分建档立卡贫困户无户籍等问题，确保各类扶贫政策措施的有效落实，2020年3月，甘肃省人社厅会同省公安厅、省扶贫办等部门，联合印发了《全省脱贫攻坚户籍清理整顿专项行动实施方案》。按照方案安排，专项行动分为排查摸底、全面攻坚和检查验收三个阶段。为确保专项行动有效开展，甘肃省成立了全省脱贫攻坚户籍清理整顿专项行动领导小组，小组成员由省公安厅、省扶贫办、省人社厅、省教育厅、省卫健委、省民政厅、省医保局组成。各单位各司其职，通力合作，全面推进各项工作。

“咱也是有户口的人了”

在开展全省脱贫攻坚户籍清理整顿专项行动中，各级公安、扶贫、人社等部门紧密联动，对各自行业排摸出的无户籍人员和户籍“错、重、假”人员数据信息进行交叉核对和共享，确保精准摸清户口登记管理中存在问题的人员底数。人社部门对公安部门共享的无户籍人员落户和清理纠正后的户籍数据信息及时与扶贫等部门的建档立卡贫困户人员信息进行比对，对符合参保条件的人员，由乡镇社保所站及时为其建立参保代缴人员台账，逐一做补缴申报，填写缴费单据；对符合待遇领取条件的人员，及时将其纳入养老金发放范围，并按规定进行补发，做到应参尽参、应代尽代、应发尽发。

张掖市民乐县六坝镇铨锵村距离集镇中心30公里，村里69岁的聋哑老人李自义，老家远在云南省保山市昌宁县更戛乡。17年前，老人跟随嫁到铨锵村的女儿来此长期居住，从此再没有回过云南，这导致李自义老人的户籍信息不明确，一直未能享受城乡居民养老保险待遇。鉴于老人的特殊情况，加上回乡路途遥远，六坝镇政府和该镇派出所多次与更戛派出所协商沟通，最后商定通过网上办公的方式，先恢复当地户籍，之后转移户籍到民乐县六坝镇铨锵村。户籍问题解决了，六坝镇社保工作站的工作人员朵晓凤马上帮助老人完善城乡居民养老保险参保和待遇领取资料，办理了参保和待遇领取及社会保障卡申领手续，最终把崭新的户口本、身份证和社会保障卡一起送到了李自义老人的手里。

该镇还有个移民村叫新民村，2006年9月，杨鲁班从甘南州舟曲县老家搬迁来到该村。由于搬迁的时候诸事繁多，杨鲁班未及时迁移户口，这一耽误就是14年。在这次户籍清理整顿专项行动中，六坝镇派出所与杨鲁班户籍所在地舟曲县的果耶派出所积极对接，才得知因其在外多年，杳无音信，原户籍所在地已经将其户口注销。经两地派出所多次协调沟通，果耶派出所为杨鲁班做了户籍补录后，将其户籍迁入民乐县六坝镇新民村。“咱也是有户口的人了！”建档立卡贫困户杨鲁班高兴地说。

有了户籍之后，六坝镇政府立即跟进为其办理了城乡居民养老保险参保代缴手续。当镇上社保专干为杨鲁班详细解说城乡居民养老保险参保缴费及长缴多得、多缴多得政策，并告知政府还为他代缴了100元城乡基本养老保险费的好消息后，他说：“这真是赶上了好时候！”

逐人区别解决　确保问题清零

户籍问题的历史成因复杂，涉及各类规章政策，解决程序纷繁复杂。甘肃人社、民政等部门配合公安部门对因婚嫁、收养、流浪、智障等缺少原始证明资料的无户籍人员采取“一人一专班”强力解决问题。对确实难以认定的无户籍人员，先办理户口登记并在人口信息系统中加注存疑人员信息标识，待核实后，再作出相应处理；对因户籍和户口存在“错、重、假”问题而影响到上学、参保、医疗等公共服务保障和精准扶贫的，快速调查、快速审核解决。各县区社保经办机构跟进公安部门对摸排梳理出的户籍问题，深入调查核实，在户口登记或清理纠正后，逐人快速办理参保、保费代缴或养老保险待遇发放等业务，确保建档立卡贫困人口等各类困难群体参加基本养老保险问题全部清零。

2020年4月中旬，定西市岷县十里镇大龙村驻村帮扶工作队在日常走访贫困户的过程中发现，贫困户折见茂之妻王金芳，因改嫁导致户口于 2008 年被注销，12 年来一直未能参加基本养老保险，不仅影响了该户的脱贫，而且也使其所在的大龙村整村脱贫受到影响。岷县社保中心了解到该情况后，在大龙村驻村帮扶工作人员的帮助下，联系了十里镇派出所，协助王金芳补全了所需的资料并申请恢复户籍。5 月 7 日，在王金芳的户口得到恢复后，十里镇社保站的工作人员又及时为其办理了城乡居民基本养老保险参保和补缴手续。

武威市凉州区是甘肃省 17 个插花型贫困县区之一，丰乐镇是当地有名的贫困镇，丰乐镇下面的丰乐村有位村民叫宋福禄，今年 69 岁了，20 世纪七八十年代一直在当地煤矿当临时工，1992 年煤矿关停，他便回到家中开始务农。由于宋福禄原来的户口一直在煤矿，煤矿关停后，由于多种原因导致户籍信息遗失，便成了当地“黑户”。2011 年，新型农村社会养老保险在凉州区开始试点，全区近 9 万名老年人同步领取到了养老金。当时的宋福禄已达到 60 周岁，根据规定，不用缴费就可以直接领取基础养老金，但由于没有户籍，无法办理参保手续，更无法为其发放养老金。没有户口，成了宋福禄的一个心病。

在本次户籍清理专项行动中，经过各方努力，宋福禄终于在 2020 年 4 月 19 日申报了户口，丰乐镇社保所立即为其办理了养老保险参保登记和待遇发放相关手续。宋福禄激动地说：“这个事我早已不抱希望了，现在居然解决了，我终于领上养老金了。”

交叉核对检查　确保信息准确

按照脱贫攻坚户籍清理整顿专项行动工作要求，甘肃各级公安、扶贫、人社、民政、教育、卫健、医保等部门对本系统涉及的贫困人员户籍问题进行摸排后，及时将人员数据信息反馈其他部门进行交叉核对检查，确保问题解决彻底。

公安部门对人社等部门反馈的疑似存在户籍问题的贫困人员，核实情况、严格依法依规处理解决后，将人员信息及时共享到扶贫大数据平台和专项行动成员单位，为精准认定、精准建档、精准脱贫提供支撑。人社部门据此完成贫困人口身份确定、是否参保等情况的核实比对后，精准落实社保扶贫政策措施。

针对户籍问题造成城乡居民基本养老保险数据比对不及时、无法真正实现动态清零等问题，临夏州社会保险中心利用开展脱贫攻坚户籍清理整顿专项行动的有利时机，会同公安部门建立社保数据与户籍人口定期比对机制：公安部门定期向人社部门推送户籍信息，基层乡镇配合户籍人口摸排比对。和政县人社部门与县扶贫办、公安、医保、税务、信用联社等部门共享数据资料，加强协调联动，先后 5 次将行业部门数据、扶贫系统数据、乡镇人口数据与派出所户籍数据进行了比对，配合各乡镇对重点人群进行数据对比，为各乡镇提供真实有效的数据，确保政府代缴困难群体基本养老保险费基础数据全面准确。

为摸清贫困人员户籍信息，天水市麦积区人社局与扶贫、民政、公安、司法、武装部等部门积极沟通协调，及时取得贫困人口信息数据，将 16 周岁以上未参保的人员数据与学籍系统数据、近 4 年高考录取数据、户籍数据、服刑人员数据、社保“五险合一”数据、全省城乡居民养老保险数据和现役军人数据进行认真细致的分析比对，筛选出不符合参保条件的贫困人员后，将剩余未参保人员信息及时反馈各镇、街道办事处进一步核实情况。通过比对和分类核查的办法确保符合条件的贫困人口参保对象精准，应保尽保，不落一人。该区社棠镇半山村的菊爱花老人就是在此次户籍清理整顿过程中核查出的无户籍贫困人口，公安部门为其办理户籍登记后，麦积区人社局立即上门为其办理了参保手续。

为动态掌握脱贫攻坚户籍清理整顿专项行动中全省贫困人员户籍问题解决后参加城乡居民基本养老保险和待遇保障情况，自 3 月 6 日起至 5 月底，甘肃省人社部门对各地工作进展情况实行周调度通报制度。根据调度情况，围绕落实贫困人口基本养老保险全覆盖等重点任务，甘肃省人社厅主要领导、分管厅长和厅相关处室单位及社保扶贫包抓干部多次赴各市州、县市区和乡镇、村社，就户籍清理整顿专项行动和社保扶贫工作进行实地调研指导，详细了解并认真分析问题原因，精心指导基层做好问题整改。

宣传社保政策　助力户籍清理

做好社保扶贫政策宣传，将政策宣传到村、到户，让每一名贫困人员充分了解惠民政策，是营造良好扶贫工作氛围、助力开展脱贫攻坚户籍清理整顿专项行动的重要环节。

天水市秦州区天水镇焦李村村民董惜气如今已是 79 岁高龄。由于种种原因，他主动注销了户籍，且一直没有再办理户籍登记。尽管属于建档立卡贫困人口，他却无法享受城乡居民养老保险待遇。“一年 1200 多元的养老保险待遇对一个农村老人来说也是一笔不小的收入。”作为专门负责解决补录户籍人员参加养老保险问题的干部，秦州区城乡居民社会养老保险中心的汪启得知这一情况后，主动联系乡镇社保经办人员，利用周末时间驱车 50 多公里赶到董惜气家里为其讲解城乡居民基本养老保险和社保扶贫政策，“您不用缴费就可以享受城乡居民养老保险待遇，每月可以得到 105 元，今年您 79 岁，明年还可以多享受25元的高龄补贴，也就是每月可以领取养老金130元呢。”在汪启同志的耐心讲解下，董惜气老人打消了所有顾虑，积极配合公安机关重新申报办理了户籍并办理了参保手续。

家住定西市临洮县连儿湾乡翟家梁村的鲁英儿被扶贫部门认定为建档立卡贫困人口，但其户口由于各种原因被原户籍地和政县的家人注销。已经70岁高龄的鲁英儿老人因为没有户籍，既不能办理养老保险参保手续，也无法享受养老保险待遇。尽管连儿湾乡社保专干员多次告知老人办理户口后就能办社保，但老人嫌麻烦一直不愿意办理。2020年初，连儿湾乡分管社保工作的副乡长杨克斌多次与老人进行电

甘肃省脱贫验收人员冒雪入村核验贫困户

话沟通，耐心向老人讲解政策。在得知办理户口还能补领这几年的养老金后，鲁英儿老人终于答应配合办理户口。

长期以来，社保政策业务的现场宣传多是利用赶集日、庙会等人多的时候采取挂横幅、发传单、发放宣传物品的形式，由于多数贫困人口文化程度不高，看不懂文字内容，不仅宣传效果不是很好，政策的接收面也不广。临夏州康乐县社保中心主任苏向丽在自己任包抓村组长的高丰村召开村民知情大会时偶然发现，村民们都会对大会上宣讲的新政策进行详细咨询和热烈讨论。苏向丽想，全县每个村都会定期召开村民知情大会，如果在大会上宣传社保扶贫政策，效果肯定很好。想到这，她立即安排工作人员了解各村召开知情大会的时间，并向各乡镇分发了宣传资料；协调县融媒体中心录制社保宣传视频和音频，通过县文化广场的大屏幕、各村的喇叭高频次播放；利用村民知情大会宣讲脱贫攻坚户籍清理整顿专项行动相关政策。随着宣传效果的提升，村民们主动参保、续保、配合做好户籍清理整顿、代缴和领取养老金资格认证等工作的积极性明显提高。

为有效提高社会保险扶贫政策和脱贫攻坚户籍清理整顿专项行动工作的透明度和知晓率，甘肃各地人社部门还充分利用县、乡、村三级人社服务平台，各乡镇区社保服务所，村级协办员等各类微信群，广泛宣传城乡居民基本养老保险扶贫政策和户籍清理整顿专项行动措施，组织村级协办员逐一入户面对面宣讲，在每一户贫困户家中张贴社保扶贫政策明白纸，努力做到贫困村、贫困户基本养老保险和社保扶贫政策宣传全覆盖。

作者单位：甘肃省人社厅

原文刊发于《中国社会保障》杂志

撒播惠民阳光　照亮脱贫之路

——青海省让贫困老人“老有所养”

文 / 莫莉萍

青海地处青藏高原东北部，全省面积72万平方公里，人口598万人，地广人稀是青海人口分布的突出特点。全面建成小康社会，最艰巨的任务在贫困地区，青海省辖2个地级市、6个自治州，其中有玉树、果洛、海南、海北、黄南5个藏族自治州和海西蒙古族藏族自治州，这6个州均为“三区三州”深度贫困地区。青海具有西部地区、民族地区、贫困地区交融的特征。脱贫攻坚工作开展以来，全省各族人民凝心聚力、全力以赴，取得显著成果。社保扶贫是助力脱贫攻坚、兜牢民生底线的重要举措，而实现贫困老人“老有所养”，则是社保扶贫要重点打通的“最后一公里”。

“提出一批含金量高的具体措施”

海东市循化撒拉族自治县是全国唯一的撒拉族自治县，少数民族人口占全县总人口的93.6%以上。该县既属于国务院确定的全国14个集中连片特困地区之一的六盘山片区的覆盖区，也是国务院确定的扶贫开发工作重点县和全国扶持人口较少民族发展重点地区之一，还是全省脱贫攻坚的“硬骨头”之一。因为地处偏远、山大沟深、交通闭塞，村民们多年与贫穷相伴。循化撒拉族自治县查汗都斯乡下庄村建档立卡贫困户马依奴斯一家是全村最困难的一户。负责下庄村参保缴费工作的经办人员马彩霞说，1945年出生的马依奴斯从未参加过养老保险。按照马依奴斯的实际情况，2009年青海省实施新农保政策时，他就应该直接享受基础养老金待遇。“那些年他在青海省牧区干活，常年联系不到人，因此，马依奴斯就一直没有享受到养老金。”马依奴斯和前妻只有一个女儿，女儿早已远嫁他乡并失去联系。多年后再婚的马依奴斯是家里的主要劳动力，他劳作多年，身体每况愈下，疾病缠身，生活十分艰辛。马依奴斯也成了扶贫工作的重点对象。

由于地处高原，自然条件恶劣，生态脆弱，经济发展滞后，贫困程度深，在青海省像马依奴斯这样的贫困老人还有不少。2017年，人社部、财政部、国务院扶贫办发布《关于切实做好社会保险扶贫工作的意见》后，青海省人社厅厅长杨颐第一时间作出批示：“提出一批含金量高的具体措施，推动社会保险扶贫工作取得扎扎实实的成效。”随后，青海省人社厅积极协调相关部门印发《社会保险扶贫工作方案》《关于切实做好社会保险扶贫工作的实施意见》《社会保险扶贫工作分工方案的通知》等一系列文件，主要从养老保险、医疗保险、失业保险、工伤保险、经办措施等方面采取了具体的政策措施。

为了深入了解贫困人员的基本情况，2018年5月，青海省人社厅联合省扶贫开发局组成4个调研组分赴4个州8个县10个乡（镇）进行了社保扶贫调研。

调研组随机选定了18个贫困村，走访了91户贫困家庭，组织农牧民、扶贫驻村工作队员、乡（镇）社保干事等人员召开了13次座谈交流会，发放养老保险和医疗保险调查问卷各350份。调研中发现，有部分老人由于家庭贫困一直没有参保或曾经参保并有过一两年缴费记录，但后期由于种种原因断保，超过了待遇领取年龄却无法领到养老金。随着年龄的增长，他们的生活越来越窘困。在海南藏族自治州共和县召开座谈会时，廿地乡羊让村67岁的加羊、石乃亥乡肉龙村78岁的李少卿、黑马河乡文巴地村67岁的容毛三位贫困老人在座谈会上均表示，自己以前没有参加养老保险，现在看着村子里那些月月都能领上养老金的老人们非常羡慕："有没有什么补救的法子，让我们也能领取到养老金？"

社会保险扶贫就是要实现贫困人员基本养老保险全覆盖。调研组将调研过程中发现的问题一一梳理，反馈给青海省人民政府。2018年9月，青海省人社厅印发《关于进一步做好城乡居民基本养老保险扶贫工作的通知》(以下简称《通知》),《通知》明确，对已满60周岁尚未领取基本养老保险待遇的老年贫困人员，应采取积极有效的措施，直接纳入城乡居民养老保险，发放养老保险待遇。2018年11月，人社部办公厅印发《关于加快实现贫困人员城乡居民基本养老保险应保尽保的通知》，明确了对年满60周岁、未领取国家规定的基本养老保险待遇的贫困人员，纳入城乡居民基本养老保险制度，并按月发放城乡居民基本养老保险待遇。按照60—64周岁175元、65—69周岁180元、70周岁及以上185元的月基础养老金标准，9月到11月，青海全省共有4000多名贫困老人每人分别领取了525元、540元、555元不等的养老金。2019年，74岁的马依奴斯参加了城乡居民养老保险，并直接领取了基础养老金，"每个月有185元的基础养老金，一年2220元对我们家庭的作用很大。"

尽快精准到人是关键

政策出台了，怎样尽快精确对标到人，将养老金发放到贫困老人手中是关键。《通知》印发后，青海省人社厅第一时间协调省扶贫开发局，提取60周岁以上贫困人员信息，再将人员信息分解到市（州），让各地逐条与全民参保信息库进行比对。但由于当时人社扶贫信息平台尚未建立，贫困人员信息不准确、不全面，各地在比对中出现身份证信息、姓名等与贫困人员信息库不匹配等问题。要在当月将养老金发到所有能享受待遇的贫困老人手中，时间紧任务重。

青海省人社厅要求各地人社部门逐家逐户走访，开展信息比对工作，迅速对标到人；开展“日调度、周通报”，督导各地尽快完成应发尽发任务。任务层层传导，各地基层同志立刻协调乡镇、村社开展入户调查摸底。尽快找到人是这项工作的关键，将养老金及时发放到位是这项工作的目的。

西宁市湟源县社保局接到通知后，立刻分派工作任务，每个乡由1名干部联系乡镇社保所和驻村干部，集中10天，完成所有贫困人员查找工作。湟源县社会保险服务局城乡居民养老保险科科长严清宝被安排到申中乡入户调查，接受任务后，他立即来到申中乡和乡社保所的工作人员雷占财到口子村开展入户调查。村委会的干部告诉严清宝，全村的老人都参加了城乡居民基本养老保险，可严清宝通过数据比对发现仍有两人未参保。在核查的过程中，村委会的干部证实其中一人已经去世多年，未予销户。会计杜生莲则回想起，2009年青海省新农保试点工作期间，村里61岁的建档立卡贫困老人文莲曾经缴过一年的保费，但后期由于家庭生活困难，中断了缴费，又因老伴去世得早，近几年体弱多病，生活不能自理，2017 年底随儿子到甘肃去生活了，不在本村居住已经有大半年。“她没有手机，当地也没有亲戚，儿子在外地多年，村里没有联系方式。”

得知实情后，严清宝通过各种途径了解到文莲和儿子生活在甘肃省临夏州，并通过当地社保局联系到了文莲的儿子。“打电话得知我们千方百计联系到她的目的后，文莲老人喜极而泣。后来我们为她办理了相关手续，并把养老金打入她的社保卡。”

“因患有肺心病不能从事体力劳动，60 岁的卢迎山老人家的院子里长满了荒草。肺心病是一种在高原很常见的疾病，由于长期生活在高海拔地区，人的心肺功能负荷较大，年老后有许多人或轻或重，都会患上这种高原病。我们了解到，老人的儿子和儿媳都在新疆打工。出嫁的女儿偶尔会回家照顾他，帮他干一些农活。”湟源县社会保险服务局业务员李晓凤当时被安排到寺寨乡入户调查，他和乡上经办人员张海栋一起到烽火村建档立卡贫困户卢迎山家里，“卢迎山老人说，2010 年他缴过 100 元保费，但后来就没缴过了，当我们向他说明省上出台了政策要给像他这样的贫困老人直接发养老金时，老人流下了幸福的眼泪。”

就在《通知》印发的当月，全省各级社保经办机构全力以赴，通过 20 余天的努力，迅速对标到人，4000 余名由于种种原因未享受基本养老保险待遇的贫困老人开始按月领取养老金。此后，青海人社部门的工作人员每月都提前寻找即将达到 60 周岁的贫困老人，按时将他们纳入参保范围，将养老金发到这些老人手中。

从“捉襟见肘”到“老有所养”

果洛藏族自治州甘德县大多数牧民居住在生态脆弱的三江源核心

区。作为三江源自然生态保护治理地区之一，由于自然环境恶劣、生态脆弱、交通不便，1992年甘德县被确定为省级贫困县，2002年被确定为国家重点扶持县。甘德县的群众长期靠草场放牧维持生计，现年65岁的更协就是甘德县江千乡协隆村的牧民。由于长期患病，更协的家庭极度贫困，是村里的建档立卡贫困户，生活捉襟见肘。2018年9月，更协领到第一笔175元的城乡居民养老保险基础养老金时，这位不会汉语的藏族老人不知道怎么表达内心的感激之情，指着社保所同志佩戴的党徽双手合十,一个劲儿地鞠躬。

每个月175元的基础养老金看似不多，但却是深度贫困家庭的重要生活来源。海南藏族自治州因位于我国最大的咸水湖青海湖之南而得名，素有“青藏咽喉”之称，辖共和、贵德、贵南、同德、兴海5县，总人口47.7万人，是一个多民族聚居地区。共和县铁盖乡哈汗土亥村的建档立卡贫困户穆永华家中有4口人，大儿子是先天性重度残疾人，二儿子13岁时也患上了肾病，后期发展为尿毒症，常年靠透析维持生活，每年透析费用高达十几万元。穆永华常年在西宁清真大寺附近乞讨，晚上在医院照顾病重的二儿子。老伴魏有花在家照顾重度残疾的大儿子并从事繁重的农活。2018年10月，对于两个从未参保的老人来说是幸福的。这个月他们每人都领到了175元的养老金。魏有花说,每月总计350元的养老金是维持她和重度残疾的大儿子生活的主要经济来源。目前，魏有花的两个儿子均由政府全额代缴养老保险费。

海北藏族自治州门源县阴田乡大沟口村土地贫瘠，高寒缺氧，村里的建档立卡贫困户王有贵今年74岁，因儿子入赘他乡长期不在身边，家中没有劳动力而被认定为建档立卡贫困户。王有贵和老伴在青海省实施新农保时就直接领取了基础养老金，目前基础养老金标准达到185元，加上民政部门发给老年人的高龄补贴110元，老两口每月共有 590 元的收入，基本生活得到了保障。“以前说养儿防老，没想到最后为我们养老的是政府，原本我们在村子里抬不起头来，现在我们过得很好。”王有贵说。

对于王有贵的说法，建档立卡贫困户马学明十分认同。他说自己以前花 10 块钱都要向儿子、儿媳开口，现在一年能领 2000 多块钱的养老金，老两口一共能领 4000 多块钱，养老金还年年都涨。“家里的水、电杂费各种开销，自己想买点东西都够了，过年过节还能给孙子点压岁钱呢。政府发给我们的不只是养老金，还有尊严。”

近年来，青海省秉持“小财政、大民生”的理念，将提高城乡居民基本养老保险基础养老金作为省政府民生实事工程之一。自城乡居民养老保险试点工作开展以来，分别于 2012 年 1 月、2014 年 1 月、2014 年 7 月、2016 年 1 月、2017 年 1 月、2018 年 1 月、2019 年 1 月

青海省人社部门工作人员指导贫困户使用“青海人社通”进行养老保险资格认证

分别提高了基础养老金标准。目前，60—64周岁、65—69周岁、70周岁及以上参保人员每月的基础养老金分别达到175元、180元、185元，比国家规定的最低基础养老金的88元，分别高出87元、92元、97元。提高基础养老金标准为提高青海省城乡居民养老保障水平、增强制度吸引力、引导适龄城乡居民积极参保发挥了积极作用。2019年全省6.85万名60周岁以上的贫困人员全部领取了养老金。

作者单位：青海省人社厅

原文刊发于《中国社会保障》杂志

有力度　有温度　有高度

——宁夏回族自治区做好城乡居民养老保险扶贫工作

文 / 禹介泉

宁夏回族自治区自脱贫攻坚以来，紧扣党中央扶贫标准，锁定深度贫困目标，实施“有力度、有温度、有高度”的城乡居民养老保险扶贫，把实实在在的“温暖”送给广大贫困人员，有力地助推了脱贫攻坚工作开展。

“困有所扶，老有所养”

宁夏中南部地处我国半干旱区向干旱风沙区过渡的农牧交错地带，交通偏远、信息闭塞、外出务工不便、生态失衡、干旱缺水，自然条件极为严酷，“一方水土，养活不了一方人”。为了改善该地区群众的基本生活条件，按照《宁夏“十二五”中南部地区生态移民规划》，原州区等9个扶贫开发工作重点县（区），以及沙坡头区、中宁县山区居民在“十二五”期间陆续实现了“移民搬迁”。王彬艳一家就是此次“移民搬迁”的受益人。2012年，王彬艳一家从固原市的隆德县奠安乡“移民搬迁”到了石嘴山市新民社区。进城后，王彬艳一家的生活环境得到了改善，但是由于文化水平低，王彬艳就业不稳定，城市生活的开支又大幅上涨，除去维持基本生活的费用外，没有多余的钱缴纳社保费。

而在宁夏，和王彬艳类似的情况不在少数。据统计，“十二五”时期，宁夏组织搬迁劳务移民共6.8万人。2016年，宁夏调查总队对此进行了专题调研，并形成了《劳务移民生活现状值得关注——以石嘴山市隆湖经济开发区为例》的调研报告。报告反映了劳务移民“就业技能低、户籍未迁转致使社会保障享受难、养老问题突出”等问题。为解决好劳务移民的社会保障问题，2017年8月，宁夏回族自治区人民政府办公厅印发了《关于解决劳务移民社会保障有关问题的通知》，实施就业扶持和对就业困难的劳务移民代缴养老保险费。经社区引荐，王彬艳在公益性岗位实现了就业，并参加了企业职工养老保险。之后，王彬艳还先后多次参加了技能培训，2019年5月走上了当地民政局的核查员岗位，工作也迈进了更稳定的阶段。

据统计，2019年全年，宁夏有8.3万劳务移民实现了就业，宁夏政府为符合条件的1.3万劳务移民代缴了城乡居民养老保险费172.7万元，解决了劳务移民的社会保障问题。

固原市的村民马成云是建档立卡贫困户，多年来靠收废品维持生计。马成云的儿子去世后留下两个学龄前的孩子，儿媳妇做保洁员的工资所得也十分微薄。全家经济困难，没有能力缴纳城乡居民养老保险费。2017年，宁夏调整特殊群体养老保险缴费补贴政策，扩大了建档立卡贫困人口以及三级和四级智力、精神、视力残疾人等缴费困难人员的政府代缴城乡居民养老保险费政策。政府按照100元最低缴费标准，为上述人员全额代缴城乡居民养老保险费。政策出台后，固原市社保中心为年过花甲的马成云发放了城乡居民养老保险待遇，并为其儿媳妇代缴了养老保险费。

拿到养老金时马成云说："我一分钱都没缴过，每个月还给我发钱，一年下来有1920元，全家低保年收入也有5280元，生活有了保障。"像马成云这样符合参保条件的特殊群体，宁夏还有42.42万人，2019年政府为其共代缴养老保险费6689.93万元。

政府代缴养老保险费政策实施后，宁夏还出台了一系列政策，落实"脱贫不脱政策"要求，城乡居保扶贫工作更有力度。《关于做好城乡居民基本养老保险扶贫工作有关问题的通知》明确，2018年建档立卡未标注脱贫的贫困人员脱贫后，2019年和2020年将继续按照100元最低缴费标准为其代缴城乡居民养老保险费，享受对应缴费档次30元的财政补贴。将年满60周岁、未享受国家规定的基本养老保险待遇的建档立卡贫困人员，直接纳入城乡居民基本养老保险制度，按规定发放城乡居民基本养老保险待遇。具有建档立卡贫困人员身份且没有参加城乡居民养老保险的劳务移民，如果其户籍未迁转也可在居住地参加城乡居民养老保险。

根据《关于参加城乡居民基本养老保险人员缴费档次和养老保险关系转移接续有关问题的通知》，从2019年开始，允许参保居民在同一年度内采取补差的办法由低档次缴费向较高档次缴费变动；对享受政府代缴城乡居民养老保险费人员，允许其在同一年度内采取补差的办法由低档次缴费向较高档次缴费变动，还可以自主选择较高档次缴费。

在企业职工养老保险方面，宁夏还出台病残津贴政策，对参加职工养老保险的未达到退休条件前完全丧失劳动能力的贫困人员，缴费年满15年的，每月最低领取600元，缴费满25年及以上的，最高领取700元，有力地保障了这部分人员的基本生活。

截至2020年9月，宁夏共有26.06万贫困人员享受城乡居民养老保险待遇，1.74万贫困人员享受企业职工养老保险待遇，全区贫困人员基本实现了“困有所扶，老有所养”。

从“有钱领”到“方便领”

2019年11月，宁夏进行脱贫攻坚专项检查时，海原县李俊乡蔡祥村村民直言，党的政策就是好，比孩子还管用，直接给我们发养老钱。2020年，海原县城乡居民养老保险基础养老金185元，年领取养老金2220元，仅这一项就占海原县上年度农民人均可支配收入的26%。

按照《关于建立城乡居民基本养老保险待遇确定和基础养老金正常调整机制的实施意见》，宁夏将缴费档次由12个档次调整为100元、300元、500元、1000元、2000元、3000元6个缴费档次，对应档次的财政补贴为30元、50元、70元、120元、200元、320元，高于一般投资收益。分四个年龄段按2元、4元、6元、8元的标准适当增加了65周岁及以上参加城乡居保老年居民的基础养老金。参保人员缴费年限达到15年以上的，每增加一年缴费，每月增加基础养老金不少于2元。从2019年起，自治区连续三年每年调增基础养老金5元。2020年，自治区基础养老金提高到148元，县（市、区）按照分担机制，自筹资金提高基础养老金标准，初步形成了城乡居民养老保险责任分担、基础养老金资金结构多元的格局，标准最高的银川市达到253元，最低的固原市也达到了163元，宁夏回族自治区基础养老金标准平均达到了197元。

在“有钱领”的基础上，优化便民服务，实现领取待遇人员“方便领”，让城乡居保扶贫更有温度。

2018年9月26日,《人民日报》上发表的一篇名为《窗口撤了大半，事情更加好办》的文章，让更多的人看到了宁夏推进“不见面、马上办”给参保人员带来的便利:2012年从彭阳县双树村“移民搬迁”到银川市月牙湖乡的杨树英老人，每月在家门口的便民服务网点就能领取养老金，再也不用为领养金，每月走几十里山路进城了；银川市宝湖社区田立成老人通过“掌上12333”,“动动眼，摇摇头”就能完成养老待遇领取资格认证；“在石嘴山市政务服务中心，社保窗口从过去的8个减为2个，即便如此，也只有寥寥几人来办事”。

2018年11月，石嘴山市一位市民把“情系社保惠民意，无私奉献保和谐”的锦旗交到了社保局政务窗口工作人员的手上。石嘴山市社保局从2018年开始，收到群众锦旗8面、感谢信11封、“议政网”表扬6次。石嘴山市获得的认可，只是宁夏人社部门将群众期盼放心上的一个缩影。

据了解，宁夏全区人社系统189项政务服务现有160项实现“不见面、马上办”。积极推行综合柜员制，有3项许可事项实行多部门、跨窗口套餐服务。将城乡居民社保参保登记、特殊人员申报、死亡待遇申报等13项社保业务下沉乡镇（街道)、村（社区）全区通办，群众不再受户籍地限制可就近办理，让数据多跑路，群众少跑腿。大力简化服务流程，统一64份表格样本，精简材料86份，办理时限缩短了9.2%。进一步优化“网上人社”系统功能、提升运行速度，清理“线上堵点”，提高便捷程度，将首批25项社会保险高频办理事项率先纳入“我的宁夏”服务平台办理，全区网上人社个人用户注册54万人，单位注册用户3万户，累计在线签订劳动合同数超过26万件，累计在线获取社会保险权益记录4.9万件，网上经办覆盖率达到82%。

2019年，宁夏在全自治区推进基本养老保险待遇集中统一发放，全区基本养老保险待遇全部采取“线上发放、取消邮寄、支持社保卡、退折换卡”的新路径，建立了“全区集中统一、数据全程在线、传输实时加密、跨行实名发放、网银秒级到账”的发放新模式，发放时间从原来的 3 天缩短到 8 小时，已累计发放养老金 1374.9 万笔，成功发放养老金 274.1 亿元，银行账户到账率、足额发放率均达到 100%。

温情服务暖人心

宁夏通过温情服务，让建档立卡贫困人员“一个都不能落下”，充分享受政策带来的红利。据银川市社保局城乡居民社会保险科科长乔兵回忆，他在 2018 年 5 月进村入户核实建档立卡贫困人员参保情况时，该市兴庆区月牙湖乡滨河家园一村的居民陈夏玉激动地告诉他：“协办员虎维前到我家里来告诉我们，今年的建档立卡贫困人员养老保险费都由政府代缴，不用自己缴费了，还在家里给老人办理了领取养老金待遇资格认证，真的是很方便。”

2012 年，银川市在经办过程中发现，城乡居民养老保险经办工作尽管在机构上建立了乡镇（街道）劳动保障所、三区社保经办中心、市社保局三级服务网络，但农村居民离乡镇较远，文化程度较低，在办理参保、认证等事项上仍然不方便，而且把参保、认证等任务都压在村干部身上也不合适。为了解决这个问题，银川市于 2013 年印发了《关于聘用城乡居民社会养老保险工作兼职协办员有关事项的通知》，对聘请的协办员由市财政给予每人每月 100 元的基础服务工作报酬，每缴纳一人保险费给予 2 元的征缴奖励，每年缴费期结束后统一考核，兑现征缴奖励。此外，还明确了协办员工作职责，制定了聘用、培训和考核办法。虎维前就是银川市 2013 年聘任的协办员。

自协办员制度实施以来，银川市已累计投入107.8万元，对70名协办员发放基础报酬和征缴奖励，充分调动了协办员工作的积极性，工作质量和服务水平又上了一个新台阶，有力地促进了扩面征缴工作。城乡居保参保率由2012年的89.9%提高到2019年的98%，征缴率由75%提高到97%。2019年，银川市直接将建档立卡贫困人员核查任务下达到协办员，快速、高效摸清了底数，8月底就实现了建档立卡贫困人员应代尽代、“应发尽发、应保尽保”三个100%的目标。

2019年，石嘴山市存在部分居民长期在外地居住、棚户区改造住地发生变化、部分村民的户籍存在空挂等现象，这对摸清建档立卡贫困人员底数带来了困难。为此，社保局制定了“找人计划”专项行动方案，明确了总体目标，细化了任务分工，强化了经费保障，提出了工作要求，有效地核查出6400名未参保人员。

在通过建立工作机制，投入经费，保障、激励、激发服务热情的

宁夏回族自治区人社部门工作人员在移民村海燕村宣传城乡居民养老保险扶贫政策

基础上，宁夏还深入实施社保系统“解民忧转作风”专项行动。

近年来，固原市持续打造具有固原特色的“热心、爱心、细心、耐心”的“四心”品牌服务，推动服务方式“零距离”、服务受理“零推脱”、服务质量“零差错”、服务结果“零投诉”的“四零工作标准”，着力为参保群众提供优质高效热情的经办服务。

“居民凭社保卡花5分钟的时间就能搞定就业、养老和医保的所有业务。”固原市泾源县六盘山镇民生服务中心主任刘建新说，“社保扶贫更多的工作重心需要下沉，需要我们走上门去服务！”刘建新既是民生服务中心的负责人，也是负责城乡居民养老、医保工作的协管员，还是一名村干部。据刘建新介绍，该镇的民生服务中心不仅配备了社保、惠农补贴自助查询机，还有可测身高、体重、血压的测量仪器。仅2019年，六盘山镇民生服务中心就已经开展养老金领取资格认证上门服务2800多次。

作者单位：宁夏回族自治区人社厅

原文刊发于《中国社会保障》杂志

应保尽保兜底线　应帮尽帮斩穷根

——江西省全力打造政府代缴参保费用扶贫模式

近年来，江西省委、省政府高度重视精准扶贫工作，紧紧围绕党中央打赢脱贫攻坚战的部署要求，按照“站高、看远、想深、做细”的工作思路，提高政治站位，强化政治担当，压实政治责任，率先探索了贫困人员参加城乡居民养老保险由财政代缴的做法，助力打赢脱贫攻坚战，取得了良好的社会成效。

一年试点、两年推开、三年覆盖

自江西省充分发挥社会保障在精准扶贫方面的重要作用，按照“一年试点、两年推开、三年覆盖”的工作思路，率先探索贫困户参加城乡居民养老保险由财政代缴费的做法，建立了城乡居民养老保险扶贫工作的“江西模式”。

2015年江西省全面打响精准扶贫攻坚战以来，就把参加城乡居民养老保险作为贫困人口保基本、保生存、保长远的重要举措。江西省委、省政府下发的《全力打好精准扶贫攻坚战的决定》中，明确提出要健全农村低保、医疗保险、城乡居民养老保险等社会保障体系。江西省人社厅抓住这一契机，借势发力，主动对接组织、扶贫等有关部门，将贫困户参加城乡居民养老保险工作纳入省委、省政府出台的《贫困县党政领导班子和领导干部经济社会发展实绩考核办法》和省委组织部、省扶贫办出台的具体考核实施方案中。在考核过程中，江西省人社厅多次与组织、扶贫部门沟通，提高考核权重，协调地方政府安排专项资金，保证了政策落实。在此基础上，该厅认真抓好落实，及时下发了《关于做好城乡居民养老保险指标考核工作的通知》，明晰了具体的责任分工，明确了考核的方式方法，建立了按月督导调度机制。全省各级人社部门按照要求，集中力量推动参保工作。

但从进展情况看，效果一度并不明显，愿意参保的贫困户数量少、真正缴费的更少。为此，江西省人社厅在广泛调研的基础上，发现大部分贫困人口缴不起保费、部分人员缴费意愿不强烈，是参保率不高的主要原因。为尽快实现“应保尽保、应帮尽帮、破除穷根”的目标，江西省人社厅因势利导，探索提出了由政府财政代缴参保费用的思路。2015 年，该厅坚持以点带面，在赣州市南康区启动试点，并立即在全省 25 个贫困县全面推广，当年就推动所有贫困县代缴率达到 100%。2016 年，江西省人社厅提出实施社保扶贫，并纳入全省人社系统“五大精准扶贫行动计划”，将财政代缴工作纳入扶贫范围进行全面部署，并作为人社工作考核内容，逐步向非贫困县推开，保障财政代缴政策在全省广泛实施。2017 年，江西省人社厅联合省财政、扶贫部门下发了《关于扎实做好社会保险扶贫工作的实施意见》，进一步巩固财政代缴资助贫困人员参保政策，实现有贫困人口的 96 个县（市、区）财政代缴全覆盖。2018 年，又将贫困群众的范围从农村扩大到城镇，并在建立的城乡居民基本养老保险待遇确定和基础养老金正常调整机制中再次明确，对困难群体由县（市、区）财政为其代缴最低标准的养老保险可执行每人每年100元。2019年，对年满60周岁、未领取国家规定的基本养老保险金待遇的贫困人员，将其纳入城乡居民养老保险制度，并按月发放城乡居民基本养老保险待遇。2020年，为贯彻落实习近平总书记在决战决胜脱贫攻坚座谈会上的重要讲话精神，落实中央和省委、省政府关于决战决胜脱贫攻坚部署，巩固脱贫攻坚工作成果，江西省出台了社保扶贫“十四五”延续政策，要求“十四五”期间继续落实贫困人员代缴政策和贫困人员养老保险金发放政策。

截至2020年8月底，江西省符合参加城乡居民养老保险条件的建档立卡贫困人员、低保对象和特困人员等贫困群体共有288.61万人，已全部参加城乡居民养老保险。应享受城乡居民养老保险待遇的建档立卡贫困人员、低保对象和特困人员等贫困群体共有86.3904万人，累计财政代缴金额80354.88万元。

健全领导机制　完善政策措施

江西省委、省政府始终站在增进人民福祉的政治高度来推进扶贫工作，各级人社部门把社保扶贫作为织密扎牢社会保障网和全力打好脱贫攻坚战的重要政治任务来落实，从政策出台到资金倾斜，从严格考核到检查督导，确保全省上下思想统一、各项工作稳步推进。省人社厅成立以主要负责同志为组长、其他厅领导为副组长、30个处室单位主要负责人为成员的厅精准扶贫工作领导小组，明确各职能部门主要负责同志为第一责任人；各市、县(区)党委、政府全力支持，各级人社部门狠抓落实，系统抓、抓系统，层层分解任务，层层传导压力，加强业务指导和督促，严肃考核纪律，确保分级负责、上下联动。2019年4月，江西省召开社会保险扶贫会议，对贫困人员基本养老保险应保尽保工作作出再动员和再部署，将贫困人员参加城乡居民养老保险应保尽保工作“倒排工期”，要求各级人社系统确保按期完成目标任务。

为助力精准扶贫，江西省先后出台《江西省人力资源社会保障系统精准扶贫行动计划》《关于扎实做好社会保险扶贫工作的实施意见》《关于加快实现贫困人员城乡居民基本养老保险应保尽保的通知》《江西省人力资源和社会保障系统脱贫攻坚三年行动实施方案》《关于进一步做好贫困人员基本养老保险应保尽保工作的通知》等一系列政策文件，制定了全省人社系统支持深度贫困村脱贫攻坚工作方案、厅领导联系深度贫困村脱贫攻坚工作机制等配套政策措施，明确实施路径和政策界限。为方便贫困群众办理城乡居民养老保险业务，江西省按照厅统一安排，以标准化的服务事项为基础，改造现有的江西省城乡居民养老保险信息系统，将城乡居民养老保险信息系统的受理、经办、审核、审批等页面集成对接到人社一体化信息系统，统一受理、办理和反馈来自省政务服务网、赣服通和江西人社 APP 等手机端、自助服务终端等服务渠道的业务，建成全省标准统一、公平普惠、方便快捷、优质高效的城乡居民基本养老保险公共服务体系，构建线上线下融合互通、方便快捷、跨部门跨地区跨层级协同办理的服务新模式，不断增强人民群众获得感、幸福感和满意度。

精心组织实施　狠抓作风建设

江西省委、省政府高度重视社保扶贫工作，各相关部门通力协作，形成工作合力。各市、县（区）党委、政府全力支持，精心组织实施。

注重协调配合。在实施过程中，各级人社部门积极向党委政府主要领导汇报，努力争取当地党委、政府和相关部门的帮助和配合；主动与组织、扶贫、财政等部门密切配合，确保政策无缝对接、数据精准无误、资金及时到位、工作协同推进。

梳理核准数据。对贫困人员数据进行筛查整理，核准其是否符合参保条件，是做好应保尽保工作的关键环节。江西省通过部级人力资源社会保障扶贫信息平台，下载建档立卡贫困人员基础信息并进行梳理和核实。由于建档立卡贫困人员人数众多且相当一部分具有多重身份，扶贫部门对其数据又是实行动态管理，每年进行多次调整，因此符合参保条件的人员随着动态调整不断增减，缴费人员和待遇领取人员随着年龄的变化和死亡情况不断变动，数据比对工作相当烦琐和复杂。各县（市、区）经办机构积极主动与扶贫办、民政局、城镇脱贫解困办等单位对接，获取最新的基础数据后再通过技术手段对人员姓名、身份证号码、参加城乡居保及养老金发放情况进行信息比对，认真梳理基础数

江西省贫困人员肖洪仔展示领取养老金的社会保障卡

据。通过信息比对，对身份证号码、姓名等有误的进行标记，分发到各乡（镇）人社所。各乡（镇）人社所将名单发至各村（居）委会核实人员身份，村（居）委会在核实人员信息的基础上，对16周岁以上参加职保、死亡、在校学生、参军、服刑等不符合参加城乡居保身份人员进行核实并标记；对未参保、未发放人员及时上报参保资料及待遇审批资料。各县（市、区）经办机构根据乡镇人社所上报的核实数据再次与城乡居民养老保险信息系统进行比对，最后筛选出符合参保条件人员。

抓好任务考核。充分发挥考核“指挥棒”作用，将社保扶贫工作列入全省地方党政领导班子综合考核指标和省人社系统年度考核指标，每年年初下达社会保险扶贫工作目标任务。在考核过程中，不走过场，不打人情分，保证了工作深入推进、政策切实落地。

加大政策宣传。各地将建档立卡贫困户参加城乡居民养老保险扶贫政策作为宣传重点，进行多渠道、多形式、多层次、多角度的宣传，做到电视有像、广播有声、报纸有文、网页有栏、微信有群、横幅上街、标语上墙。同时，把城乡居民养老保险扶贫政策纳入精准扶贫帮扶政策宣传内容，通过贫困村帮扶工作队长、第一书记和帮扶队员等结对帮扶干部对贫困人员进行“一对一”的精准宣传，让贫困人员知晓党和政府的惠民政策，增强其脱贫信心和决心。

狠抓作风建设。印发《人力资源和社会保障扶贫领域作风问题专项治理工作方案》，集中力量解决责任落实不到位、工作措施不精准、工作作风不扎实、资金管理使用不规范等突出问题。2018年，江西省人社厅精准扶贫工作领导小组会同驻厅纪检监察组赴九江市和上饶市专项督查，促进人社扶贫政策落地。

加强工作调度。建立了建档立卡贫困人口参加基本养老保险月报制度，基本实行周调度和日调度制度，通过城乡居民养老保险扶贫信息系统掌握各地工作进度，对进展缓慢的县（市、区）进行检查督促，提供一对一的业务指导，确保全省各地在规定时间内完成目标任务。建立工作情况通报制度，每周进行通报，形成“比、学、赶、帮、超”的良好氛围。

深入调研督导。建立厅领导联系深度贫困村脱贫攻坚工作机制，集中开展人社扶贫督导调研，形成了专题调研报告。厅领导在2018年带队深入深度贫困村调研的基础上，2019年又多次带队赴19个深度贫困村再次开展督导整改和调研，着力解决整改中遇到的实际困难。2020年4月，厅成立由分管厅长带队的11个社会保险工作专题调研组，深入各设区市开展人社扶贫调研，详细了解各种政策贯彻落实情况。9月，厅社保扶贫专项组又组成10个指导小组，由1名处级干部和2名工作人员组成，其中1名工作人员由厅农保处从设区市抽调业务骨干担任，通过不发通知、不打招呼、不听汇报、不要陪同，采取数据比对与实地核查、入户调查与随机访谈相结合的方式，深入基层、进村入户开展社保扶贫指导。对督导中发现的问题事项及时协调解决，认真督促整改，切实把社保扶贫工作抓实做细，确保社保扶贫政策落实、落细。

江西省贫困人员黄茂香在“社保村村通金融服务便民点”支取养老金

缴费负担降下来　待遇水平提上去

——北京市切实做好城乡居民养老保险扶贫工作

按照全国社保扶贫会议精神，根据人社部、财政部和国务院扶贫办《关于切实做好社会保险扶贫工作的意见》(以下简称《意见》)要求，近年来，北京市人社局积极协调财政、民政、农委、残联等部门联合下发《关于切实做好社会保险扶贫工作的通知》，落实《意见》精神。2018年，北京市围绕扶贫工作大局，加强组织领导，强化精准发力，社会保险扶贫工作取得一定成效。

建立调整机制　10年12次涨钱

为贯彻落实党中央、国务院打赢脱贫攻坚战的决策部署，以及人社部和财政部印发《关于建立城乡居民基本养老保险待遇确定和基础养老金正常调整机制的指导意见》(以下简称《指导意见》)的相关精神要求，2018年8月，市人社局、市财政局联合印发《关于进一步完善城乡居民养老保障待遇确定和正常调整机制有关问题的通知》，从健全缴费标准调整机制和进一步完善待遇正常调整机制两方面贯彻落实《指导意见》，并且对65岁及以上的老年人进行了适当倾斜，进一步体现了向低收入群体和困难群体倾斜的政策。

2020年，北京市人社局会同市财政局制定了城乡居民养老保障待遇调整方案，并联合市民政局印发《关于调整2020年城乡居民养老保障相关待遇标准的通告》。对于2019年12月31日前已领取城乡居民基本养老保险基础养老金及享受老年保障福利养老金人员，自2020年1月1日每人每月增加20元。全市城乡居民基础养老金人均月领取标准达到830元，增幅2.6%，福利养老金人均745元，增幅2.8%。

截至2020年，北京市已经连续10年12次调整了城乡居民养老保障待遇标准。2020年，全市91.3万城乡居民享受到调整待遇政策，其中享受基础养老金的人数为54.8万人，享受福利养老金的平均人数为36.5万人。补发资金已于2020年7月底前发放到位，全年预计新增财政资金2.18亿元。

进行摸底调查　实施倾斜政策

按照市委、市政府关于重点帮扶低收入农户的相关工作要求，北京市人社局对所涉及的各区低收入农户参加社会保障或未享受社会救助情况进行摸底调查，基本掌握了低收入农户人员参加社会保障的情况。在此基础上，通过各区社保经办机构与乡镇、村多方努力，积极促进符合参保条件且有意愿人员参保缴费。

北京市继续实施对低收入群体和困难群体的倾斜政策。落实残疾人缴费政府补贴政策，鼓励各区本着立足当前、着眼长远的原则，继续实施自行制定的鼓励低收入群体和困难群体的各项政策，并不断进行完善。全市有7个区出台了最低生活保障人员的缴费补贴政策，其中3个区对参保的最低生活保障人员全员按照最低缴费标准的100%

补贴，4个区对大龄最低生活保障人员按照最低缴费标准的100%补贴。

做好衔接工作　扩大受惠范围

北京市认真做好城乡居民养老保险及老年保障福利养老金制度与城乡居民最低生活保障、城乡特困人员救助供养和优抚制度衔接工作。

“十三五”期间，北京市继续按照《关于做好城乡居民养老保险及老年保障福利养老金制度与城乡居民最低生活保障农村五保供养优抚制度衔接有关问题的通知》(以下简称《通知》)相关规定领取待遇，待遇发放原则为只叠加不抵减。《通知》还扩大了受惠人群范围，除农村五保供养人员外，增加了城市特困人员。城镇特困人员在享受特困补贴的同时叠加享受相关保障待遇。根据人社部门与民政、农委等部门的相关人员数据比对，2020年预计有1716人符合享受政策条件。截至2020年9月，全市新增1093人领取了城乡居民养老保障待遇。自2018年开始实施将困难人群纳入享受城乡居民养老保障待遇范围政策，累计纳入领取待遇人员共3180人。

补贴始终发　待遇接连涨

——天津市精准推进城乡居民养老保险扶贫工作

2018年，天津市人社局会同财政局、民政局联合下发了《关于贯彻落实社会保险扶贫工作的实施意见》，明确城乡居民养老保险扶贫工作目标，细化完善城乡居民养老保险扶贫政策措施，助力困难群体精准脱贫。

2019年，天津市人社局会同财政局、民政局、税务局下发了《关于促进城乡居民基本养老保险应保尽保有关问题的通知》，进一步加大对困难人员城乡居民基本养老保险的保障力度。

个人一朝参保　政府补贴终身

天津市在原来年满45周岁不满60周岁，未参加城镇职工养老保险的城乡低保对象、低收入家庭救助人员、特困供养人员，参加城乡居民基本养老保险享受政府补贴的基础上，进一步扩大范围，将16—45周岁困难人员纳入保障，将国家扶贫工作精神落到实处。完善对60周岁以上超龄未参保居民养老保障政策，通过补缴养老保险费的方式参保并享受待遇，确保居民晚年生活有保障。年满60周岁、具有本市户籍且未领取本市规定基本养老保险待遇的困难人员，可享受城乡居民基本养老保险待遇。

天津市对参加城乡居民养老保险的人员，无论是在参保缴费阶段，还是在领取待遇期间，政府从始至终都给予补贴，即“个人一朝参保、政府补贴终身”。2009 年至 2018 年，市、区两级财政对城乡居民养老保险支出共计 100.79 亿元，年增长 23.2%，其中用于提高待遇资金累计支出 6.87 亿元，使广大城乡居民得到了更多实惠。

天津市对自愿参加城乡居民养老保险的残疾人，按个人缴费二档（即每年 900 元）的标准，为其代缴全部或部分养老保险费，其中：为低保重度残疾人代缴全部养老保险费，为未享受低保的重度残疾人和

天津市北辰区西堤头镇人社部门工作人员
入户宣传城乡居民养老保险扶贫政策

享受低保的非重度残疾人代缴50%的养老保险费。天津市将年满45周岁不满60周岁的低保对象、低收入家庭救助人员、特困供养人员纳入城乡居民养老保险扶贫范围，按照一档（即每年600元）的标准，为其代缴50%养老保险费。对于年满60周岁，缴费年限仍不满15年的，由市财政按照一档标准，一次性为其代缴所差年限50%的养老保险费。截至2020年上半年，全市参加城乡居民养老保险的困难人员达11.31万人，享受城乡居民养老保险待遇困难人员7.29万人。

开展全面排查　组织上门服务

开展困难人员排查。2019年、2020年，天津市人社部门通过与民政部门数据比对筛查，将全市未参加养老保险的困难人员，作为落实社保扶贫要求的重点帮扶对象。

各级人社部门组织基层劳动保障工作人员上门服务，有针对性地宣传城乡居民养老保险代缴等参保政策，将困难人员应保尽保工作落到实处，继续落实与低保、优抚制度的衔接。“十三五”期间，天津市继续做好城乡居民养老保险制度与城乡居民最低生活保障农村五保供养优抚制度衔接工作，在审批或复核低保、五保资格时，按月领取的城乡居民基础养老金或老年人生活补助待遇，不计入家庭收入。

建立调整机制　7次调整待遇

参保人年满60周岁，累计缴费年限满15年的，均可按月领取基本养老金。自2011年起，天津市7次调整城乡参保居民的基础养老金，由每人每月150元提高到295元。

对未参加城乡居民养老保险和无社会养老保障待遇、年满60周岁的人员，按照60至70周岁、70至80周岁及80周岁以上三档标准按月发给老年人生活补助，经过3次调整，目前的水平分别为113元、123元、133元。截至2018年12月末，享受城乡居民养老保险待遇的46.9万人，月人均611元；老年人生活补助38.17万人，月人均122元。

精准发力解难题　全面覆盖强基础

——河北省张家口市怀安县分类破解“三无”难题

河北省张家口市怀安县人社局勇于担当、积极作为、履职尽责，充分发挥职能作用，全力推进城乡居民养老保险扶贫工作，助力全面打赢脱贫攻坚战。

精准核实　筑牢基础

怀安县以部级扶贫平台数据为依托，积极对接扶贫、民政、残联等部门，每周对相关部门提供的贫困人口数据进行比对，准确动态掌握全县贫困人口数据。

怀安县充分发挥11个乡镇劳动保障站作用，实地核查并摸排了4628名不符合参保条件的贫困人员，对其建立了详尽台账。精准的贫困人口数据库为做好城乡居保扶贫工作打下坚实基础。

分类解决　破解“三无”难题

对全县22名因无户籍、无银行卡而“无法参保、无法代缴、无法享受”的应保未保人员，怀安县分派工作人员深入到村，逐一核实，分类解决。

怀安县各方联动，积极解决无户籍贫困人员无法参保问题。经多次协调，公安、人社、各乡镇村密切配合，对本地无户籍人员，通过调档案、找人证、出证明等途径，进行户籍办理；对外地无户籍人员，详细了解其居住地址，由公安局进行异地调查，进行户籍确认办理。全年共为 14 名无户籍人员解决了户籍问题，并及时办理了城乡居保参保登记手续。

怀安县上门办理，积极解决特殊群体无法享受待遇问题。针对 8 名因智障、行动不便等无法办理银行卡的贫困人员，县社保中心联合合作银行，通过上门采集信息、到家开通账户的办法，使他们享受到城乡居保待遇。

河北省张家口市怀安县人社局工作人员在贫困户蔬菜大棚中宣传扶贫政策

通过大量细致入微的工作，截至2019年底，怀安县圆满完成40267名贫困人员城乡居保扶贫任务，实现了符合条件的贫困人员参保率、代缴率和待遇发放率三个100%的目标。

工作精细化　宣传实效化

——内蒙古自治区包头市土右旗战“疫”、代缴两不误

内蒙古自治区包头市土右旗社保局面对严峻的新冠肺炎疫情考验，做到一手抓疫情防控，一手抓居保扶贫，仅用了一个月的时间，就对全旗建档立卡贫困人员3114人进行了认真的审核确认，为符合条件的1163人进行了代缴，圆满完成了2020年贫困人员代缴任务，做到了应保尽保、应缴尽缴、应享尽享。

分工有层次　对接无缝痕

面对疫情，土右旗社保局在做好承担小区疫情防控工作的同时，积极对接扶贫部门，及时交换贫困人员数据，集中城乡居民养老保险业务经办骨干，兵分三路奔赴“战场”，强力推动60周岁以上贫困人员的参保排查、待遇发放和16—59周岁人员的参保、认定、财政代缴等工作，同时将未参保人员原因调查和电话宣传纳入工作议程，重点推进，分工明确，为高质量提前完成贫困人员代缴工作奠定了坚实的组织基础，确保了全旗城乡居民养老扶贫“清零达标”行动的顺利实施。

工作精细化　管理精准化

创新管理模式，当地在建立旗级动态管理台账的基础上，为乡镇建立了分账、明细账，明确工作要求，确保基层工作人员任务明、底数清，实行月报和定期通报等制度，保证问题不积累、诉求有答复。

宣传抓热点　给出定心丸

土右旗是有着丰厚群众性文化底蕴的“中国二人台艺术之乡”。该旗社保局以老百姓喜闻乐见的二人台艺术形式，全方位进行养老扶贫政策的宣传，基本做到了养老保险扶贫政策人人知晓。

面对突如其来的疫情，该局充分发挥基层社会保障平台的作用，在开展应对疫情防护知识宣传的同时，加强居民养老保险扶贫政策的

内蒙古自治区人社部门工作人员下乡核实领取待遇人员情况

宣传，通过微信、电话、网络等形式告知居民养老保险有关政策，有针对性地提出“疫情时限不计算在居民养老保险政策规定的时限内”，给到期领待遇的居民吃了定心丸，有力地助推了疫情防控和居保扶贫“两不误、两促进”。

政策送进家　服务送上门

——辽宁省锦州市北镇市“三个全面”做好城乡居民养老保险扶贫工作

辽宁省锦州市北镇市细化任务措施，压实工作责任，强化工作落实，通过“三个全面”做好城乡居保扶贫工作，进一步提升贫困人口的获得感和幸福感。

走村入户　全面宣传政策

从 2019 年初开始，北镇市多次给乡镇协办员开会宣讲社会保险扶贫政策，同时利用各乡镇集市人员密集区进行城乡居保扶贫政策宣传。

同时，基层经办机构工作人员借助禁烧、帮扶等时机，走村入户将政策送到居民家中，进一步提高政策知晓率。

多方协作　全面核实信息

北镇市依据部级扶贫平台的贫困人员数据积极协调县扶贫办、民政局核对贫困人员信息，并同城乡居民信息系统的数据比对和筛选，剔除了双重身份人员及不符合参保条件人员，分门别类进行建档立卡人员、低保人员、特困人员动态数据管理。

同时，北镇市每月根据各部门的数据，筛选比对应参保人群的参保情况，根据地方扶贫办提供的贫困人员信息进行认真核实和及时反馈，对存疑或不完整的信息及时发送到镇、村进行核实，并组织村协办员和帮扶干部上门进行摸底调查，摸清贫困人员未参保原因等情况，准确定位符合参保条件的贫困人群，保证贫困人员信息准确。

积极引导　全面落实政策

根据核实后的贫困人员信息，各乡镇上门逐个排查贫困人员未参保原因，结合全民参保计划，大力宣传、引导其按规定参保续保，防止因年老、疾病等陷入贫困。

通过摸底，北镇市符合参保条件、材料齐全的贫困人员已 100% 全部参保，60 岁以上的为其核定待遇，做到 100% 应发尽发，确保了扶贫资金不漏发、不错发。对于缺乏身份户口等相关材料的，经乡镇

辽宁省人社部门工作人员为行动不便老年贫困人员办理社保卡，并送上门

和村协办员及时与当地派出所进行联系，协助贫困人员办理相关证件，并持续关注办理进度，直到贫困人员顺利办完参保手续，使建档立卡贫困人口的参保率达 100%。

锁定重点人员 精准靶向施策

——黑龙江省哈尔滨市精准开展城乡居民养老保险扶贫工作

黑龙江省哈尔滨市人社局在社保扶贫工作中，坚持自上而下、多措并举、靶向施策、精准发力，发挥了城乡居民基本养老保险在脱贫攻坚中的基础性作用。

领导高度重视 各方高位推动

哈尔滨市委、市政府高度重视社保扶贫工作，主要领导对兜底政策的落实多次进行重要批示。

哈尔滨市人社局把落实好省部社保扶贫工作要求作为重大政治任务全力推进，主要领导靠前指挥负总责，局党组明确社保扶贫分工，点面结合推动扶贫工作。各级区、县人社部门设立社保扶贫专班，落实工作任务，自上而下形成了强大合力。

部门多方协同 协同联动发力

为确保社保扶贫工作精准发力，哈尔滨市人社局充分利用人社部搭建的扶贫平台开展核实核查，将全市 7 万余名建档立卡贫困人口参加城乡居保等基本情况录入平台。

哈尔滨市人社局积极主动与扶贫、民政、残联等部门协同联动，建立数据共享机制，共同精准发力，实现了建档立卡贫困人口数据动态更新。对未参保人员数据进行筛选，锁定重点人员全力推进社保扶贫攻坚。

营造宣传氛围　多方造势鼓动

把政策宣传作为推进社保扶贫工作突破口，设计带有年历的宣传海报，使用微信平台等新媒体方式，锁定适龄参保人群推送宣传消息，

黑龙江省哈尔滨市城乡居保中心工作人员送宣传品到基层

宣传网页累计点击量达30余万次。

哈尔滨市还主动联系符合参保条件人员，帮助解答政策和参保登记，创立了“城乡居保扶贫代缴我帮办”的服务品牌。

挂图督办落实　上下齐心互动

针对人社部2019年部署的数据核查、未领取待遇人员排查、异地建档立卡人员参保等阶段性任务，哈尔滨市人社局坚持挂图作战、倒排工期，按工作清单督办推进。

哈尔滨市人社局主要领导深入区县靠前指挥和督查，市经办机构通过在线指导和下乡培训指导，及时帮助解决问题。坚持全面督查和专项督查相结合，形成整改问题清单，及时将督查结果反馈到所属县市，确保一户一策整改落实。各区县围绕目标任务和精准数据信息，采取靶向施策，高效推动工作落实。

数据共享促参保　待遇稳增兜底线

——上海市扎实推进城乡居民养老保险扶贫工作

近年来，上海市人社局通过深入基层调研，加大督办力度，层层夯实责任，扎实推进城乡居保扶贫。截至 2020 年 8 月底，全市应参加城乡居保的贫困人员共 9.67 万，实际参保 9.35 万人，贫困人员参保覆盖率 96.7%。

细化政策　提高待遇

上海市根据国家政策要求，结合实际制定城乡居保扶贫政策。自 2018 年 1 月起，贫困人员参加城乡居保的，由各区政府为其代缴部分最低标准养老保险费（每人每年 500 元），代缴标准为 445 元，个人负担 55 元。政府为重度残疾人按照每人每年 1100 元标准代缴养老保险费，个人按照缴费标准的 5% 缴费，其余部分由政府代缴；重度残疾人中领取重残无业人员生活补助人员，个人不缴费，全部由政府代缴。60 周岁以上未领取基本养老保险待遇的贫困人员可以直接纳入城乡居保制度。

为使广大参保人员更好地共享社会发展成果，上海市建立了城乡居保基础养老金正常调整机制，城乡居保基础养老金根据全国基础养老金最低标准调整以及该市经济发展和物价变动等情况适时调整。自城乡居保制度建立以来，每年与职工养老保险同步调整养老金，目前已实现 6 年连调。城乡居保采取绝对额增长方式，增长比例每年略高于职工养老保险。其中，2018—2020 年，该市城乡居保基础养老金（含中央确定的基础养老金最低标准）分别增加每人每月 80 元、80 元、90 元，同比增长比例分别为 9.4%、8.6%、8.9%。

为体现对低收入人群的关怀，进一步增强参保人员尤其是贫困人员的获得感和幸福感，自 2017 年起，上海市建立城乡居保一次性节日补助机制。每年春节前后发放一次性节日补助金，目前标准为每人每年 300 元。

普陀区桃浦镇街道工作人员向贫困人员宣传城乡居保政策

共享数据　分类施策

为确保城乡居保制度的全覆盖、实现应保尽保，上海市人社局与市民政局建立了数据共享机制，定期就增量数据开展交互比对和信息传送工作。根据市民政局提供的数据，实时掌握全市贫困人员动态变化情况，并与全市职保、城乡居保、征地养老等系统数据进行比对，核定未参保的贫困人员清单。

同时，将人员进行细致分类：对60周岁以上的贫困人员按参保意愿细分为有参保意愿人员、无参保意愿人员；按脱贫情况细分为可能脱贫的人员、终身享受低保人员、特困人员；按户籍迁入该市细分为长期是该市户籍人员、从外省市迁入该市人员；对60周岁以下贫困人员，按就业状态细分为就业人员、未就业人员。针对可能脱贫的人员积极动员其参保，实现应缴尽缴，应发尽发；对终身享受低保人员把政策讲清讲透，由贫困人员自愿选择参保或继续享受低保待遇。

加强宣传　精准到位

精准宣传到位是推进社保扶贫的重要前提。为使贫困人员充分了解社保扶贫政策，上海市人社局着力把握告知对象、告知内容、告知方式上的精准。从市、区、街镇、村居四个层面，通过社保微信、区政府网站、社区显示屏、社区经办窗口、村居宣传栏等线上线下途径进行广泛宣传，不断创新宣传的方式，拓展政策宣传的广度。注重区分不同人群，挖掘政策宣传的深度。对60周岁以上未参保的贫困人员通过街镇、村居发动协办员、楼组长实行一对一上门宣传告知；对人户分离人员通过与民政、人口办协同配合，力争100%告知到位；对60周岁以下的未参保贫困人员由市社保中心统一寄发《给城乡居民的公开信》，确保让贫困人员逐一知晓惠民政策。

夯实责任　狠抓落实

上海市人社局及全市各级城乡居保经办机构将城乡居保扶贫作为年度重点工作全力推进。

该局召开工作会议，明确下阶段工作任务，要求各区根据收官时间倒排工作时点，压实责任，做到可考核、可检查。对全市及各区城乡居保扶贫工作相关数据进行深入分析，梳理各区城乡居保扶贫工作存在的堵点、难点，有针对性地予以研究解决。对贫困人员较为集中、推进工作较为迟缓的中心城区，逐一开展现场调研和重点督办，指导敦促各区抓重点、攻难点、补弱点。各区经办机构对工作措施单一、工作进度推进缓慢的街道重点走访，核查工作台账，紧盯工作进展，及时督促整改。

拉网式排查信息　零距离宣讲政策

——江苏省连云港市“四个聚焦”推动贫困人员参保全覆盖

从 2018 年开始，江苏省连云港市通过实施“四个聚焦”工作举措强化推进城乡居民基本养老保险扶贫政策措施落地生效。针对贫困人员进行“拉网式”参保信息比对，对 54795 名疑似未参保人员以村为单位建立台账，进行逐一核查；对已在单位参保人员、在校学生、现役军人、服刑人员、疑似亡故人员进行特殊标识；对 39060 名应保未保人员进行精准定位，在摸清底数的基础上做到精准识别、精准帮扶；对 1432 名年满 60 周岁且未享受国家规定的基本养老保险待遇的困难人员进行重点核实；对符合条件未申请享受待遇的人员进行及时提醒，并帮助他们收集有关资料进行申报，确保应享受待遇人员一人不落。

协调共享　聚焦数据比对

连云港市人社局进一步与扶贫、民政、残联等部门和单位建立沟通协调和信息共享机制，开展困难人群参保动态管理、系统数据多向比对及社保扶贫数据双向比对，动态掌握困难人群基本情况，精准定位扶贫对象和重点人群，基本摸清城乡居民基本养老保险扶贫工作的底数，督促乡镇及时办理参保手续。

按照“乡镇核查身份、人社做好标识、财政保障资金”的代缴落实制度，保障符合条件的困难人员应保尽保、应代尽代、应发尽发。

三个“统一”　聚焦全员培训

连云港市人社局组织全市城乡居民基本养老保险工作人员进行专项培训，针对社保扶贫和乡村振兴工作的理念、概念、基本内容、政策规定进行详细讲解。

同时，连云港市人社局力求统一思想、统一步调、统一时间节点，强力推进社保扶贫工作。

开展行动　聚焦实地核实

连云港市人社局依托全民参保扩面专项行动，集中时间开展困难群体参加养老保险情况专项核查工作，对全市的建档立卡贫困人口、低保户和重度残疾人等困难人员信息进行整理分类。

对于上述困难人员，连云港市人社局将其作为参保扩面重点对象，进村入户开展实地排查，“零距离”宣讲政策，面对面解答疑惑，全力推进贫困人员应保尽保。

多措并举　聚焦政策宣传

连云港市坚持上下联动、协调有序开展宣传工作，利用电台《行风热线》栏目，专门开通一期热线，向社会介绍社保扶贫工作，解答群众疑问，让群众了解政策，营造良好社会氛围。

截至2019年12月底，全市困难群体总数13.87万人，其中为5.6万人代缴城乡居民基本养老保险费，代缴总金额达560万元，为5.34万人发放养老金。

扩大代缴范围　提高待遇标准

——浙江省全面推进城乡居民养老保险扶贫工作

2018 年以来，浙江省人社系统坚持稳中求进工作总基调，完善政策措施、强化规范管理，全面落实社会保险扶贫各项政策，取得明显成效。

进行专项摸底　确保应保尽保

2018 年，为贯彻落实人社部办公厅《关于加快实现贫困人员城乡居民基本养老保险应保尽保的通知》要求，浙江省在前期开展核查工作的基础上，对 60 周岁以上未领取待遇的困难老人作了专项摸底，发现全省有 2629 名困难老人未领取待遇。对此，浙江省人社部门与财政部门反复商量、沟通应保尽保的措施，最终达成一致意见：将这些困难老人纳入城乡居保，从 2018 年 12 月 1 日起按月发放基础养老金，确保按时兑现待遇。

2020 年，浙江省迅速转发人社部《关于统筹做好抗击新冠肺炎疫情和贫困人口基本养老保险应保尽保工作的通知》，利用钉钉工作群在业务系统及时部署抗击新冠肺炎疫情工作，落实困难群体保费代缴和城乡居保待遇发放措施，加强与扶贫办、民政、残联、财政等部门联系和数据对接，确保应缴尽缴、应保尽保。

扩大代缴对象　惠及更多群众

浙江省准确把握代缴范围，确保国家规定的代缴政策落实到位，同时结合实际扩大代缴范围。浙江省已无国家标准的建档立卡未标注脱贫的贫困人口，国家规定的低保对象、特困人员也已纳入城乡居保代缴范围。在此基础上，浙江省人社厅进一步落实省政府《关于加快推进残疾人全面小康进程的实施意见》精神，把持证残疾人纳入代缴范围，让扶贫政策惠及更多的困难群体。

2019 年 9 月，经浙江省委、省政府同意，省人社厅、省财政厅出台了《关于建立城乡居民基本养老保险待遇确定和基础养老金正常调

工作人员教畲族群众使用“掌上办”功能

整机制的实施意见》。文件规定，对于低保对象、特困人员、残疾人、低保边缘户等困难群体参保，保留原每年100元的缴费档次，并由市、县（市、区）财政给予全额或部分代缴。其中，把政府代缴对象的范围由原来的重度残疾人扩展到全体持证残疾人，新增了低保边缘户群体。2020年上半年，有7个设区市贯彻该文件精神，并已经出台了具体的实施细则，在各市辖区县市执行。

做好部门联动　遍洒惠民雨露

浙江省人社厅督促指导各地人社部门加大与民政、残联、财政等部门的沟通协作力度，加强困难群体信息共享和数据比对，动态掌握困难群体参保和待遇享受情况，确保代缴政策落实到人。

根据全国贫困人员城乡居保应保尽保工作视频调度会和《浙江省人力资源和社会保障厅办公室转发人力资源社会保障部办公厅关于加快实现贫困人员城乡居民基本养老保险应保尽保的通知》(以下简称《通知》)，做好参保对象应保尽保、待遇应发尽发工作。

2020年上半年，全省低保、特困人员等应代缴保费人数23.3万人，实际代缴保费人数15.2万人，代缴保费金额2105万元；应享受城乡居民养老保险待遇人数19.7万人，实际享受城乡居民养老保险待遇人数19.7万人，其中按《通知》精神受益人数0.46万人，实现了符合条件的低保、困难人员享受待遇应发尽发。

应代缴尽代缴　该发放全发放

——福建省高质量完成城乡居民养老保险扶贫任务

近年来，福建省人社厅高度重视养老保险扶贫工作，坚决贯彻落实人社部工作部署，以实现贫困人员应保尽保、应发尽发、应代缴尽代缴为目标，积极发挥省级指导、调度、督促作用，确保工作任务高质量完成。

高度重视　落实主体责任

福建省人社厅将养老保险扶贫作为重要工作，落实负责部门和负责人，经常性研究有关事宜，做到工作快速部署、迅速推进。省级出台多个文件，统一养老保险扶贫政策，明确经办流程，部署各阶段工作。

该厅建立全省养老保险扶贫明细台账和调度制度，及时掌握全省工作进展情况。发挥省级督导调度作用，统一汇总贫困人员参保情况，每月开展调度，关键时期每周、每日，逐县、逐人调度，督促各市、县务必按时完成工作任务。

针对养老保险扶贫过程中市县反映的困难和问题，第一时间开展研究，制定相关指导意见或处理办法。如针对省内贫困人员认定地与户籍地不一致，认定地无法参保、户籍地无法代缴的问题，明确由认定地致函户籍地，户籍地居保经办机构必须视同为当地贫困人员，予以参保登记和代缴保费。

强力推进　确保完成工作任务

由于部、省养老保险扶贫政策未明确必须为建档立卡贫困人口全额代缴居保最低标准保险费，造成个别贫困人员因个人应缴部分未缴导致代缴不成功，为此，省人社厅、财政厅、扶贫办等部门联合发文，部署市县及时完善政策，避免出现因贫困人员个人未缴费导致代缴保费未成功的情况。2020 年初，全省全部县（市、区）均实现最低缴费标准 200 元全额代缴。

除落实全额代缴最低标准居保费用政策外，福建省人社厅还专门针对建档立卡贫困人口、低保对象、特困人员制定特殊待遇政策，明确未领取养老保险待遇、年满 60 周岁的贫困人员，无论是否参保、是否存在中断缴费情况，允许直接参保并核定发放居保养老金。其中，2018 年 11 月底前已年满 60 周岁的贫困人员，从 2018 年 12 月开始发放；2018 年 12 月 1 日后达到 60 周岁的贫困人员，从达到 60 周岁的次月起发放，确保老年贫困人员养老金应发尽发。

2019 年底，针对人社部反馈的疑似未参保贫困人员数据，通过系统比对、数据传输口径排查、市县核查等措施，逐一落实真实情况并予以反馈，做到核查一个不漏、参保情况一个不差。从 2020 年 7 月开始，对在校生超过 23 岁及无缴费状态和无待遇状态人员进行逐一核查，至 9 月底，除少数在外省参保不予代缴及省内新增参保暂未代缴外，其余问题数据全部核查并处理完毕。

实事求是　严守务实严谨作风

福建省人社厅印发《关于加强城乡居民养老保险扶贫工作作风建设的通知》，要求市县从讲政治的高度，实行一把手负责制，高标准、严要求，务必抓好居保扶贫工作。在各级文件、各类会议、各种培训中，反复强调养老保险扶贫工作要实事求是，切勿弄虚作假，并开展扶贫领域作风问题警示教育。

各年度初，均部署县级相关部门及时从扶贫办、民政等部门获取贫困人员基础信息，并要求每月开展动态更新。通过比对贫困人员基础信息、参保信息，核查未参保原因，各地均建立了完整的贫困人员参加基本养老保险情况台账，省、市、县三级均可准确分析已参保人员、不需参保人员、应参未参人员、已代缴人员、代缴金额等情况，做到数据精确到人，有力支撑了养老保险扶贫工作。

该厅充分发挥数据省级集中优势和全民参保登记数据库的作用，采取市县汇总贫困人员基础信息，省级统一比对参保、代缴、发放情况，再将数据返还市县的做法，准确掌握全省贫困人员参保情况和统计数据，既解决了市县经办机构技术力量较弱，难以开展数据比对、难以掌握辖区外参保情况等问题，又不需要层层统计上报报表，切实减轻了基层工作压力。

出台政策　推进应保尽保

针对2019年有2个县（区）尚未实现为建档立卡贫困人口100%代缴最低标准保费情况，2020年初，福建省人社厅专门派出工作组前往上述县（区）与县政府领导沟通协调，督促县级完善政策。截至2020年4月，全省所有县（市、区）全面实现建档立卡贫困人口最低缴费标准200元由市县财政全额代缴。

2020年，福建省人社厅部署市县及时更新三类贫困人员基础数据，省级加强工作部署和督导调度，积极推进各市县落实养老保险扶贫工作。截至2020年6月底，全省实现贫困人员应保尽保、应发尽发、应代缴尽代缴，在此基础上，要求市县每月与扶贫、民政等部门做好数据对接，对贫困人员参保情况进行动态管理。截至8月底，全省贫困人员已参保68.04万人，发放23.71万人，代缴38.48万人、代缴金额7653.90万元。

2020年7月，省人社厅、民政厅、财政厅、扶贫办联合转发部办公厅《关于进一步做好贫困人员基本养老保险应保尽保工作的通知》，对各地提出三项工作要求：一是下半年对贫困人员实施动态管理，做到新增一人、纳入一人，应缴一人、代缴一人，达龄一人、发放一人；二是要求市县落实跨省贫困人员参保，特别强调对外省推送人员要积极配合，按本省政策参保并代缴，财政资金要配套到位；三是要求民政、扶贫等部门积极配合提供贫困人员动态更新数据，做到精准实施社保扶贫政策。

福建省人社部门工作人员深入贫困老人家中宣传城乡居民养老保险扶贫政策

政策找人　服务到家

——山东省德州市宁津县扎实做好城乡居民养老保险扶贫工作

山东省德州市宁津县人社局城乡居民养老保险中心充分发挥社会保障兜底职能，扎实做好城乡居保扶贫各项工作，织密扎牢社会保障“安全网”，切实减轻贫困人员养老保险缴费负担，让贫困人员老有所养。

健全组织机制　精准摸清底数

宁津县政府办公室牵头召开由人社、财政、扶贫办、民政、残联等部门参加的专题会议，统一思想，成立工作专班，明确职责分工。宁津县人社局成立扶贫工作领导小组，定期会同各乡镇人社所长和工作人员召开工作会议，明确代缴保险费的范围、顺序、缴费标准和时限，及时解决在社保扶贫工作中遇到的实际问题。

全县实行数据“一下一上”，确保参保代缴人员信息的准确性，并确保不漏一人。“一下”是指居保中心主动与县扶贫办、民政、残联等部门联系，获取贫困人员名单。以职能部门的信息为基础，剔除重复人员，经与城乡居民参保系统进行比对、筛选，将异地参保、职工参保和待遇领取人员标注后分解到乡镇，乡镇人社所将名单与镇扶贫、镇民政、镇残联等工作部门和村（居）委会进行进一步核对。“一上”是指乡镇人社所将核实到的与下发数据不一致的人员信息反馈给居保中心，居保中心再将这些人员名单与扶贫、民政等职能部门核实确定。

对于应参保代缴人员，由乡镇人社所标注人员身份、录入系统，由居保中心审核把关、申请代缴资金，按照每人每年 100 元的标准由政府代缴养老保险费。对年满 60 周岁、未领取国家规定的基本养老保险待遇的贫困人员，直接纳入发放范围。在《关于加快实现贫困人员城乡居民基本养老保险应保尽保的通知》出台之前，居保中心工作人员发现 68 名将要年满 60 周岁的贫困人员由于代缴之前没有缴费，无法领取养老保险待遇，通过领导积极与县政府反映，提出解决措施，最终由县政府为这些贫困人员补缴了以前年度的保险费共计 27500 元，保证这些贫困人员及时领取养老保险待遇。

政策宣传到位　贴心服务到家

在政策宣传方面，为确保贫困人员知晓政策、参保续保，政府代缴、待遇发放不遗不漏，宁津县一方面结合全民参保登记、集中征缴、民意调查、“12333 全国统一咨询日”等各类活动，通过悬挂横幅、发放宣传手册等开展社保扶贫政策宣传，营造社保扶贫的浓厚氛围。另一方面梳理相关政策，制作了《告全县建档立卡困难群众的一封信》，通过全局干部职工扶贫大走访发放到每一位贫困人员手中，并制作了扶贫政策年历，张贴在贫困户家中显眼位置，留存了居保中心负责人姓名和电话，不仅将政策宣传到村、到户、到人，让每一名贫困人员充分了解惠民政策，而且能够随时联系反映问题。

宁津县人社局工作人员走访大曹镇的贫困人员，详细了解其待遇领取情况和生活情况，并留下了《宁津县人力资源和社会保障局告全县建档立卡困难群众的一封信》

王登荣老人是宁津县人社局帮扶的一户贫困户，老人豁达开朗，其身后的墙上是人社局制作粘贴的政策年历，联系人和电话就是人社局城乡居民养老保险中心负责人的，非常醒目

在便民服务方面，本着“政策找人、精准服务”的原则，优化工作流程，提升服务质量。对将要年满 60 周岁的贫困人员，提前告知本人激活社保卡，保证其能够及时领取居民养老保险待遇。对于年满 55 周岁能够提前领取待遇的 1—2 级重度残疾人，为其发放《城乡居民养老保险金提前领取告知书》，告知其办理待遇登记需要准备的材料和联系电话，出门不便的可以电话联系村协理员或者镇经办人员上门办理。对于严重精神病人和长期卧床不能出门的贫困人员，无法办理社保卡激活的，居保中心积极联系银行，精神病人由其监护人代为激活，不能出门的由银行提供上门服务。

宁津县人社局居保中心工作人员几乎每月都要进行一次走访，
了解贫困人员代缴和发放情况

孙贵兰是一名聋哑人，且智力不太正常，前几年流落到宁津县大曹镇后被一村民收留，共同生活。收留她的村民也是一名聋哑人，而且不识字，造成早期采集信息不准确。经过调查和信息比对，得知她是德城区赵虎镇韩春村人，已年满60岁，应该领取养老保险待遇。居保中心工作人员没有因为她是外地户籍而推脱不管，而是积极与公安局户籍科和扶贫办联系，帮其办理了户籍迁移，并在宁津县为其发放养老保险待遇。每月100多元虽然不多，但对这个家庭来说却是最稳定的生活保障。

建立动态台账　确保长效保障

为了扎实做好社保代缴、发放等工作，居保中心确定专人每月与扶贫办、民政、残联等部门沟通联系，获取最新数据。把各类人员信息汇制到一张表格中，做好身份标识与参保状态标识。及时将新增和变动人员信息进行更新，并逐一核实，该代缴的代缴，该发放的发放，做到新增一人、纳入一人，到龄一人、发放一人。对于脱贫不脱政策人员和即时帮扶人员也不遗不漏地落实相关政策。同时建立了特殊群体每月到龄人员台账，每月待遇发放之前都进行比对，确保不漏一人、不迟发一人。

2017 年以来，宁津县人社局城乡居民养老保险中心累计为各类贫困人员代缴保费 124.48 万元，累计发放养老保险待遇金额 1800 多万元，实现了所有符合条件的贫困人员应保尽保、应发尽发，应保尽保率达 100%。

精确统计　精准帮扶

——河南省南阳市方城县实现城乡居民养老保险扶贫“三个百分百”

脱贫攻坚战打响以来，河南省南阳市方城县人社局立足行业职能，聚焦城乡居民养老保险扶贫，实现应保尽保率、政府代缴率、待遇落实率“三个百分百”，为方城县脱贫摘帽注入了强劲的动力。

摆上重要日程　全力统筹推进

为充分发挥城乡居民养老保险在精准扶贫中的功能和作用，方城县将城乡居民养老保险扶贫工作提上重要日程，2017年出台了《方城县困难群众城乡居民基本养老保险费补贴办法（试行）》，在南阳市率先实现贫困人口财政代缴全覆盖。

方城县采取专班负责，定期召开动员会、部署会、推进会。县人社局成立3个督导组对各乡镇（街道）工作开展和完成情况进行多轮次督导，层层落实责任，健全工作机制，倒排工期台账督办，确保城乡居民养老保险扶贫工作落细落实。

主动协调各方　摸清信息底数

聚力脱贫攻坚“精准”核心要求，方城县人社局积极与扶贫、公安、民政、财政等部门对接，通过数据比对，对贫困对象进行精准识别、精确统计。

同时组织各村协办员上门进行摸底调查，确保将符合条件的人员信息全部录入城乡居民养老保险信息系统，动态管理掌握贫困人口参保、政府代缴和待遇支付情况。

精准帮扶代缴　做好贴心服务

方城县人社局积极推动落实城乡居民养老保险扶贫代缴政策，积极申请县财政补助资金，做实个人账户补贴，确保贫困人员参保覆盖不漏一人，确保所有到龄贫困人员都享有基本养老保险待遇，确保城乡居民养老金按时足额发放。

采取多种形式　积极扩大宣传

当地充分利用扶贫帮扶日、节假日、乡镇集市日，组织业务骨干深入乡村、社区，通过集中宣讲、发放宣传单和小册子、设立宣传栏、张贴宣传标语等形式，进行城乡居民养老保险扶贫政策宣传和解释；发挥微信公众号、工作群、官网、电视等平台的作用，营造社会保险政策扶贫舆论氛围，引导贫困人员主动积极参保；对各类困难人群开展上门宣传、上门认证等服务，全力实现城乡居民养老保险服务到村入户、贫困人口应保尽保。

2017 年至 2019 年，方城县累计为贫困人员参保缴费补贴 47883 人次共 4788300 元，向全县 60 周岁以上贫困人员累计发放养老金 97476 人次 11271.29 万元。

河南省人社部门工作人员在社保服务窗口为贫困人口办理城乡居民养老保险业务

一户不漏评　一家不错选

——湖北省大冶市以“三审两公示”做好城乡居民养老保险扶贫工作

财政代缴和待遇直享是国家对参加城乡居民养老保险贫困户的特殊优惠政策。如何做到符合条件的一户不漏评，不符合条件的一个不错选？湖北省黄石市大冶市城乡居民养老保险局以“三审两公示”为抓手，确保好政策真正惠及群众。

全面清理　纳入范围逐个审

大冶市城乡居民养老保险局对市扶贫办提供的建档立卡贫困户18000多人进行逐个审核，清理出16周岁以下人员，全日制在校生，及因参军、服刑或已参加其他社会养老保险等情况不符合参保和代缴的对象，锁定财政代缴人员数据。

同时大冶市城乡居民养老保险局将再次清理核准后的情况反馈市扶贫办，实现数据资源共享，并在当地乡镇、村委会进行公示，贫困户予以签字确认。

精准核实　参保信息全面审

为确保数据的精准性，大冶市城乡居民养老保险局将公示无异议的名单与省网参保数据进行全面比对，筛选出已登记参保的、未参保的贫困人口名单。对未参保人员下发到乡镇、村进行核实，对符合参保条件的及时办理参保手续。比对过程中重点对姓名、身份证号不符的对象进行逐一核实，确保一个不漏、一个不错。

大冶市在比对过程中发现某镇一对夫妇在业务系统中的身份证号与扶贫办名单中的身份证号不符，工作人员专门致电核实，确认是扶贫办名单登记有误，及时更正并向扶贫办反馈，确保每名参保对象信息准确无误。

反复核查　代缴之前重点审

为将国家政策落到实处，在代缴之前，经办机构再次对失踪、户籍在外、本人不愿参保、16 岁以上在校生等特殊群体进行重点核查，并再次进行公示。经过反复核查，仍存疑点的，如在校生年龄明显偏大、乡镇核实参加了职工保险却未查找到参保记录等情况，采取入户调查、电话询问、证据采集等多种方式进行一对一核实，并对疑点对象进行全面标注和分类，精确筛选出符合条件的代缴对象。

大冶市某街道有一名未参保对象，经办机构核实其参加了机关事业单位保险，但在全省范围内都找不到参保记录，工作人员多方联系后辗转找到本人，才知其已进入石家庄市某区政府工作且已参保，社保机构就及时通知扶贫办对名单进行更新。2019 年，重点核实对象

900余人。

通过“三审两公示”举措，大冶市城乡居民养老保险局将社保扶贫惠民政策及时精准落实到位，从2017年开始，每年为贫困建卡符合参保对象人员代缴200元养老保险，2019年为全市8797名参保对象代缴养老保险1759400元。

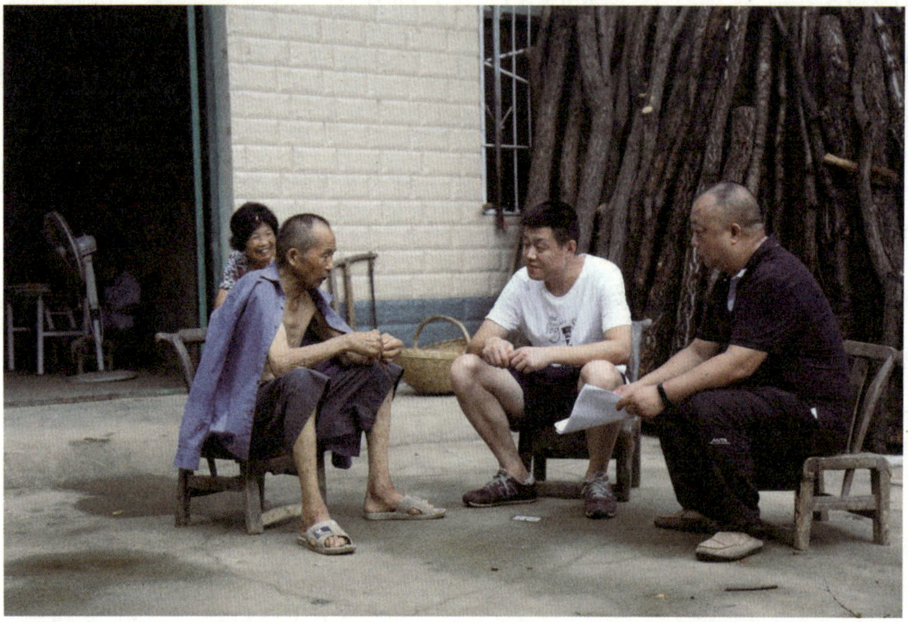

湖北省人社部门工作人员上门走访60岁以上未领取养老待遇的贫困户，摸清其无法参保的原因，具体问题精准施策，尽快想办法把这些贫困户“纳进来，保起来”

代缴人员不丢一个　待遇享受不漏一人

——湖南省长沙市扎实推进城乡居民养老保险扶贫

城乡居民养老保险扶贫是社会保险扶贫重要的组成部分，关系到广大困难群体老有所养的问题，湖南省长沙市委、市政府高度重视城乡居民养老保险扶贫工作，织密扎牢社会保障“安全网”。近年来，长沙市坚持城乡居民养老保险政策先行，困难群体代缴政策起步早、基础牢、成效显。

截至2019年12月底，全市共有14.84万名符合政策的贫困人口参加了城乡居民养老保险，其中6.7万名贫困人员享受城乡居民养老保险费代缴政策，8.31万贫困人员享受城乡居民养老保险待遇，做到应保尽保、应缴尽缴、应发尽发。

完善政策　提供兜底保障

逐步建立健全政府代缴机制，为贫困人员养老提供保障。在城乡“三无”人员、重度残疾人、已纳入国家计划生育特别扶助制度的人员等缴费困难群体纳入政府代缴范围后，2016年，长沙市再次出台《关于提高城乡居民基本养老保险基础养老金和给予城乡低保人员缴费补助的通知》，将享受城乡低保待遇的人员纳入政府代缴范围，代缴最低缴费档次的养老保险费。2017 年，又将建档立卡未脱贫人员纳入政府代缴范围。至此，全市各类贫困人员已全部纳入政府代缴范围，确保了贫困人员应保尽保。

不断提升养老待遇水平，增强贫困人群获得感。长沙市于 2011 年建立了城乡居民基本养老保险待遇的正常增长机制，“十二五”“十三五”期间，城乡居保待遇每年增加 10 元，2020 年该市城乡居保基础养老金已达到每人每月 208 元，为贫困人群的晚年幸福生活提供进一步支撑。

创新出台丧葬补助金制度，缓解贫困家庭经济负担。2017 年，长沙市出台了《关于建立城乡居民基本养老保险丧葬补助金制度的通知》，按照 15 个月基础养老金标准为在待遇领取期间死亡的参保居民发放丧葬补助金（2020 年标准为 3120 元），进一步减轻了贫困家庭的经济负担。

创新经办　实现应保尽保

长沙市围绕城乡居民养老保险扶贫要求，主动作为，精准发力，以宣传引导、通报督导、定期调度、实地调研为抓手，坚持代缴落实到人、待遇发放到人，真正让贫困人员享受政策红利，走出长沙独有的城乡居民养老保险扶贫模式。

建立上下、内外联动机制，核数据、强责任。为了确保符合城乡居保参保条件的贫困人员应保尽保，长沙市将扶贫工作与城乡居保业务经办实际充分结合，建立了市级督办指导、县级具体落实、乡级分片核实、村级上门到户的四级城乡居保扶贫联动机制，上下联动，通力配合。同时以部级社保扶贫比对查询平台为依托，定期与扶贫办、民政、残联、卫健等有关部门沟通衔接，开展贫困人员数据比对核实工作，确保数据的及时性和准确性，切实做到代缴人员不丢一个，待遇享受不漏一人。

开展养老扶贫专项调研，摸情况、抓落实。针对全市尚有45名建档立卡已脱贫居民签订放弃参保协议的情况，长沙市高度重视，对人员情况进行了摸排，并责成相关区县立即行动，深入居民家中，全面了解其不参保的原因，认真做好政策宣传解释工作，确保居民享受到党和国家的惠民政策。长沙市人社局到望城区白箬铺镇进行实地调研督查，召开区、镇、村主要经办专干及未参保村民代表座谈会，深入未参保人员家中进行交流，详细了解了已脱贫居民没有参保的实际情况，通过政策宣讲、细算养老惠民账，进一步强调社保扶贫工作的重

湖南省人社部门工作人员进行城乡居民养老保险扶贫政策宣传

要意义，阐述了城乡居民养老保险对城乡居民尤其是贫困居民老年养老保障的重要作用，确保贫困人员参保不少一人、不差一个。

开展有针对性的宣传，讲政策、促参保。为了鼓励符合条件的贫困人员参加城乡居保，全市各级城乡居保经办机构将贫困人员作为重点宣传对象，各区县（市）利用外出务工人员集中返乡时间做好宣传动员，联动乡镇（街道）送政策入户，通过发放宣传产品和宣传资料进行一对一、面对面的政策宣传，积极引导和鼓励贫困人员参加城乡居保，实现应保尽保。

村头村尾讲政策　田间菜园送服务
——广东省广州市番禺区实现城乡居民养老保险扶贫工作三个100%

广东省广州市番禺区人社局认真做好城乡居保扶贫工作，积极拓宽工作思路，出色完成了本区的城乡居保扶贫工作任务。截至2019年底，全区需落实城乡居保参保任务的困难人员100%参保，需落实政府代缴养老保险费的困难人员100%落实政府代缴，符合发放待遇条件的贫困人员100%发放养老保险待遇。

组织有力　宣传工作广泛深入

根据广州市城乡居民养老保险帮扶工作方案，成立以区人社局、民政局、残联为主体的工作领导小组，同时建立起区社保中心、各镇街、村（居）委会三级工作联动平台，及时制定工作方案，责任到人，层层抓落实。

将村（居）委会，生产队，驻村、驻片工作人员纳入政策宣传小组，要求村头村尾、小区楼梯口实现张贴宣传单张全覆盖；建立工作微信群，及时通报工作进度，及时掌握工作动态；针对部分困难人员认为领取了城乡居保待遇就会取消低保待遇的顾虑，主动现场电话联系民政进行解答，打消困难群众疑虑，促使其主动参保。

多管齐下 底数摸查务求准确

采取多部门、多渠道、多关口模式进行核对筛选，切实摸清符合帮扶条件的困难人员底数。

一方面根据广州市社保中心提供的贫困人员数据与城乡居保信息系统中的参保人员数据进行双向比对，另一方面联系区民政、残联，根据市人社局推送的名单进行系统比对，最后将核实准确的名单推送到镇街工作联动平台，进行系统录入及资料存档。

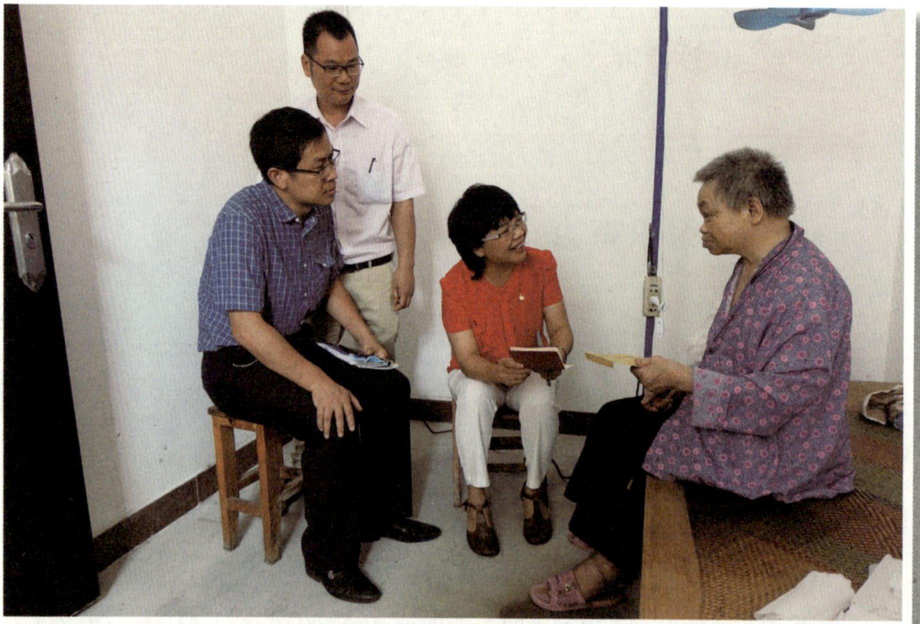

广东省人社部门工作人员上门为贫困老人办理城乡居民养老保险待遇申领手续

办公前移 末端落实扎实细致

采取现场办公、流动办公、夜间办公、电话预约等工作方式，将办公移到最前线，移到群众家中、村头村尾、田间菜园，只要群众需要，不管白天黑夜、工作日或节假日，第一时间赶到群众面前为其解释政策，办理业务。

同时对经办人员提出“三要”要求：入户要见人，政策要当面讲清，资料要当面核对清楚，确保做到 “不错一人，不漏一人”。

家门领待遇　网上可认证

——广西壮族自治区河池市环江县打造村级“互联网＋人社”助推社保扶贫服务升级

为解决边远山区贫困人口参保和领取待遇难问题，广西壮族自治区河池市环江县结合“服务惠民”工作，把“互联网＋人社”工作模式延伸到村级，开辟村级网络办公新局面，指导村级社保协管员把电脑、电子显示屏、手机作为社保扶贫服务的三大利器，运用电子办公，实现办公网络化、智能化，让群众不用跑或最多跑一次，有力提高了城乡居民养老保险扶贫工作效率，助推全县脱贫攻坚工作取得好成效。

提服务　搭平台

环江县人社局争取县财政资金100多万元，给全县127个村18个社区统一配备了电脑、打印复印机各1套，每村配备1名社保协管员，全部接通广西城乡居民养老保险信息系统和政务外网。

村级社保协管员可以通过养老业务系统查询贫困人口参保和全村60周岁以上老人领取待遇情况，不仅能为社保扶贫工作提供准确的基础信息数据，还能为群众提供养老保险缴费和待遇领取查询服务。

提效能　扩宣传

环江县人社局争取县财政资金 50 多万元，给人口密集村、交通要道村共 38 个村配备了户外电子显示屏。

同时，县级将社保扶贫政策、办事指南等信息通过互联网直接传达到村级，由村级协管员在电子显示屏上进行发布，有效缩短了信息传递中转时间，让群众及时获知社保扶贫政策和办事流程，有效提升了宣传效力。

广西壮族自治区人社部门工作人员进村入户开展领取养老金待遇资格认证

提手段　解难题

环江县人社局推广待遇领取资格手机认证工作，由村级协管员宣传引导村屯内年轻人用手机下载广西人社 APP 或登录老来网，为村屯 60 岁以上老人进行领取养老金待遇资格认证，解决了因未认证不能按时领取待遇的问题，特别是对行动不便、异地居住群众提供了很大的方便。

针对各村普遍存在的外出务工、县外户籍等人员的参保材料或不符合参保条件的佐证材料收集难问题，环江县人社局指导村级协管员通过手机建立微信、QQ 工作群，引导群众通过手机拍照上传材料，方便快捷，这些做法深受群众好评。

宣讲有声势　服务显温情
——海南省三亚市有效破解贫困人员参保缴费难题

2016 年，海南省三亚市在全省率先出台政策将贫困人员纳入特殊缴费群体，按照 200 元 / 人 · 年代缴保费，对到龄欠费贫困人员落实补缴代缴，确保到龄人员及时享受待遇。

2018 年，在省厅出台贫困人员代缴政策基础上，三亚市配套工作措施，落实贫困人员奖励代缴政策，为贫困人员代缴 300 元 / 人 · 年，代缴保费全省最高。在工作中不断完善各项措施，建立健全工作机制，有效解决了贫困人员参保难、缴费难的问题，基本实现应保尽保、应发尽发的目标。

组织领导得力　层层部署落实

三亚市层层部署，层层落实。结合工作实际，制定详细实施方案，向经办部门下达目标任务。经办部门根据贫困人员情况，比对信息，编制符合参保条件人员花名册，下发各区。各区根据贫困人员花名册，进村入户宣传发动贫困人员进行参保登记。

同时，三亚市定期通报，确保进度。为确保工作按时、高标准落实，根据市扶贫办要求建立定期通报制度。将每月扶贫工作情况定期报送市扶贫办，下发各职能部门、各区政府，有力推动参保登记工作落实。

配套措施完善　给予政策帮扶

三亚市是海南省第一个出台完善政策的市县，在原有特殊群体代缴政策基础上，对符合参保条件的建档立卡贫困人口，按照300元标准政府代缴保费，对到龄贫困人员按100元标准补缴以往欠费年度保费，为贫困人员参保及享受养老金待遇给予政策帮扶。

三亚市制定下发政府代缴工作流程，明确由市扶贫办提供名单，

海南省人社部门工作人员下村开展城乡居民养老保险扶贫宣传工作

各区组织入户调查登记，市农保经办机构申报代缴资金，市财政部门核拨，为实现全市贫困人口及时做到应保尽保提供政策依据。

舆论引导声势　政策宣传到位

三亚市舆论引导造声势。充分发挥广播电视和报纸等大众媒体的宣传优势，牢牢把握政策舆论导向，通过三亚电视台“第一民生”、三亚广播电台“民生广播”、《三亚日报》“城事乡情”等栏目进行政策播报，打造宣传声势，营造做好贫困人员参保工作的舆论氛围。

同时，三亚市设点推广营造氛围。充分利用节假日，在贫困人员集中的村组、整体贫困村等场所，悬挂标语、发放资料、答疑解惑，多渠道、多形式营造贫困人员参保的聚集效应。

三亚市还进村入户送温情。组织各级经办力量，深入田间地头、贫困人员家中，发放《给城乡居民的一封信》《城乡居保政策问答》《城乡居保参保宣传手册》等，面对面突出政府代缴重点宣讲政策，温暖群众，提高贫困人员参保的积极性。

实行动态管理　工作运行顺畅

三亚市积极协调，形成机制。对贫困人员实行动态管理，积极协调市扶贫办、市民政部门、各区人社部门，及时获取贫困人员名单。工作中出现信息错误、不全等问题时，及时向有关单位反馈核实，确保工作的时效性。通过积极主动作为，形成了有效工作协调机制。

同时，三亚市突出重点，认真落实。把贫困人员参保工作列为年度工作重点，通过年初部署明确任务、定期通报反馈问题、年终小结等方式认真抓好落实，确保贫困人员参保工作的质量。

此外，三亚市主动作为，化解难题。以高度的责任感解决好贫困人员参保工作的难题。积极协调市农商行为无社保卡的贫困人员开办参保账户，协调公安部门为无户籍人员办理户籍。为行动不便贫困人员提供上门服务，让参保人在家就能办理好所有参保手续。

这些做法，确保了三亚市城乡居保扶贫工作顺利实施，做到政策执行有据可查、参保名单标识清晰、未保情况原因清楚、基金支付账实相符。2016年以来，三亚市累计为贫困人员代缴保费24640人次，代缴金额6803000元，发放待遇5007人次，发放金额14019360元，基本实现应保尽保。

短信搭桥梁　扶贫更精准

——重庆市璧山区用好手机短信平台推动应保尽保

“社保扶贫在行动，小康路上一个都不少，请 XXX 熟悉社保扶贫政策，主动参保。”

“脱贫攻坚责任重大，你镇街 XXX 未参加城乡居民养老保险，请镇街领导重视，在 10 个工作日内完成。”

……

在重庆市璧山区，一条条暖心短信，搭起社保扶贫工作桥梁，让贫困人口共享改革发展成果，实现建档立卡贫困人员参保和缴费率达 100%，60 周岁以上贫困人员领取养老金率达 100%。

送去政策　告知情况

重庆市璧山区社会保险局将建档贫困人员全部纳入养老保险参保范围，通过发送暖心短信助推社保工作顺利开展，在脱贫攻坚工作中取得了突出成效，进一步增强了社保经办人员打赢脱贫攻坚战的信心和决心。

璧山区利用手机平台推送暖心短信，让贫困人员熟悉城乡居民基本养老保险政策，及时宣传了超龄贫困人员免缴和正常参保人员代缴养老保险费的惠民条款，引导贫困人员主动参保，为他们解除缴费困难的后顾之忧。

同时，璧山区利用手机平台推送暖心短信，告知区党政机关结对帮扶责任人的帮扶对象应参未参情况，进一步强化帮扶责任人的职责，让他们感到社保扶贫责任重大，使其在走访入户时，进一步核查贫困对象未参保原因，有针对性地落实参保措施，收集参保资料，协助贫困人员完成参保及缴费。

压实责任　确保实效

此外，璧山区利用手机平台推送暖心短信，让镇街主要领导、分

重庆市人社部门工作人员下乡向贫困老年人了解城乡居民养老保险参保情况

管领导、社保所所长、经办人员及村（社区）干部掌握本辖区社保扶贫参保情况。

通过这种方式，璧山区压实镇街相关领导责任，督促镇街加大社保扶贫工作督促检查力度，确保社保扶贫各项工作落地生根。

该区将继续应用手机短信平台，编制一条条暖心的短信，让贫困人员和工作人员及时掌握参保政策和进度，精准发力，进一步实施全面参保计划，推进应保尽保工作。

脱贫不脱钩 阔步奔小康

——四川省宜宾市屏山县解决已脱贫人员后顾之忧

四川省宜宾市屏山县为巩固脱贫攻坚成果，实行脱贫但政策不脱钩的扶贫政策，除按人社部规定对建档立卡未标注脱贫的贫困人口、低保对象、特困人员等三类困难群体代缴最低档次城乡居民养老保险费外，同时对建档立卡户中标注的已脱贫人员也由政府进行了代缴，受到群众的高度认可。

高度重视 及时出台惠民政策

2018 年，屏山县委、县政府多次召集相关部门举行专题研讨会，研究社保扶贫工作，形成会议纪要，确保城乡居民基本养老保险扶贫政策全面落实到位。

为切实做好社保扶贫工作，屏山县人社、财政、扶贫、民政四部门联合出台了《关于进一步做好社会保险扶贫工作的通知》，明确了社保扶贫工作任务、职责分工、代缴范围和工作要求。

该文件决定除按规定对具有本县户籍的 16—60 周岁建档立卡贫困户、低保对象、特困供养对象等困难群体（除在校生、义务兵、服刑期间人员以及参保职工养老保险的人员外）全部按 100 元 / 人 · 年标准代缴城乡居民养老保险费外，对已脱贫人员，坚持2019年、2020年继续实施政府代缴，真正解决已脱贫人员的后顾之忧。

部门协作　扎实推进扶贫工作

屏山县认真执行“人社比对、乡镇核实、部门审定”的代缴人员身份认定制度和“乡镇标注身份、人社审核把关、财政保障资金”的代缴落实制度。

人社部门积极联系民政、扶贫等部门，建立数据共享机制，提取相关行业数据，通过数据信息比对，确定拟代缴对象，财政部门全力保障所需资金。在县财政非常紧张的情况下，仍然拨出专款对已脱贫

四川省人社部门工作人员到乡镇开展社保扶贫政策宣传

人员落实代缴，政府共为其代缴资金 294.07 万元。

2019 年，完成建档立卡贫困户、低保对象、特困供养对象等困难群体政府代缴 29407 人（其中建档立卡已脱贫人口 17644 人），占省、市下达民生目标任务 7489 人的 392.67%。

对已脱贫人员代缴城乡居保，真正实现“脱贫不脱钩”，做到“扶上马，再送一程”，让贫困户脱贫不返贫，阔步迈向小康社会。

参保全覆盖　织密兜底网

——云南省大力推进城乡居民养老保险扶贫工作

云南省人社厅紧盯薄弱环节，在基本实现社保扶贫“三个100%”工作目标的基础上，通过层层压实责任、完善政策措施、注重查漏补缺、狠抓督促检查，确保高质量如期完成社保扶贫目标任务。

截至2020年9月，全省545.88万符合条件的建档立卡贫困人口已全部实现参保，104.02万60周岁以上贫困老人全部按时足额领取待遇，地方政府为259.97万贫困人口、低保对象、特困人员代缴2.65亿元基本养老保险费。

目标责任明确

云南省明确了“三个100%”的工作目标：确保符合条件建档立卡贫困人口100%参加基本养老保险，确保60周岁以上贫困人口100%按时足额享受城乡居民养老保险待遇，确保符合条件未标注脱贫建档立卡贫困人口、低保对象、特困人员等困难群体100%由地方政府代缴100元城乡居民养老保险费。在云南省委、省政府确定的脱贫攻坚目标任务中，将“符合参保条件的建档立卡贫困人员参加基本养老全覆盖”列入约束性考核指标之一，作为各级人民政府必须不折不扣完成的刚性任务。

围绕“三个100%”工作目标，全省奋力推进社保扶贫工作，主要领导亲自抓，分管领导紧盯抓，业务部门具体抓，全省自上而下建立了社保扶贫指挥调度体系，将社保扶贫责任明确到人。

数据比对经常

云南省人社部门用扶贫数据与业务系统数据在省级系统平台进行比对，对疑似数据进行认真研究分析，并将核实后的数据分发各地，对相关工作提出了具体要求，督促指导各级社保机构抓好核查整改工作，做到社保扶贫数据信息实现“账账相符”“账实相符”。

云南省人社部门主动加强与扶贫等部门的协调，开展信息数据动态管理和定期数据比对。对户籍外迁、参军、因婚外嫁、空挂户、死亡、失踪、失联、无国籍等不符合参保条件的建档立卡贫困人员，经认定从信息库中清除；对无户籍的贫困人员，及时与公安部门协调，为其办理户籍登记，并纳入参保范围；对人员信息重复、错误等情况，作相应的信息数据更正处理，做到扶贫对象精准。

省人社厅每天关注人社部扶贫信息平台社保扶贫数据动态情况，下载相关数据再次进行信息核对。发现疑似未参保人员数据时，及时向相关州市人社局调查了解情况，要求与当地扶贫办就相关数据进行对接，存在数据错误的立即进行纠正，存在漏保的人员立即办理参保手续，确保所有符合条件的建档立卡贫困人口参保。

工作落实规范

扎实推进法定人员全覆盖，实现应保尽保。各级社保部门充分积极与扶贫、教育、公安、民政等部门对接，做好扶贫数据比对筛查，确定法定参保人员参保状态，千方百计将未参保人员全部纳入城乡居民养老保险，实现了应保尽保。

确保参保的建档立卡贫困人员养老待遇按时足额发放。各级社保部门认真履行职责，组织各县市开展社会保险基金年度预决算和资金申报工作，中央和省财政依据预决算方案分配的资金下达后，省级及

云南省人社部门工作人员到芒市中山乡赛岗村楠木河二组贫困户家中宣传讲解城乡居民养老保险政府代缴保费政策

时分配各州市，确保了养老保险待遇均能按时足额发放。

认真落实好城镇职工养老保险和城乡居民养老保险待遇调整工作，逐步提高建档立卡贫困人员养老保险待遇。城乡居民养老保险省级基础养老金由原来的月人均75元提高至月人均103元，城乡老年参保人均能按时足额享受国家政策释放的红利，构建了“老有所养”的社会保障新局面。

地方政府代缴社会保险费得到落实。云南省在建立城乡居民养老保险待遇确定和基础养老金标准调整机制时，再次明确要求对未标注脱贫的建档立卡贫困人口、低保对象、特困人员等困难群体由州市、县级政府按照最低标准代缴保费，将落实政府代缴从部门要求上升到省委、省政府要求，高位推动代缴政策的落实。

政策宣传多样

全省各地开展社保政策法规宣传“进社区、进乡村、进企业、进学校、进家庭”活动，向基层群众宣讲社保扶贫政策。通过深入基层送政策、送信息、送服务，向群众传递党中央关于保障和改善民生的系列惠民政策，进一步了解群众对社保扶贫政策的知晓度、满意度以及对社保服务工作的诉求，消除社保扶贫政策宣传通达基层、惠及群众的“堵点”，让老百姓在家门口就能了解社保扶贫政策、体验社保服务。

各级人社部门结合实际，克服困难，采取多种手段宣传社保扶贫政策。在少数民族聚居的村组，干部利用当地民族语言或方言深入浅出、通俗易懂地讲解政策；遇到道路交通不便的，村协办员利用摩托车穿梭在各村组之间，深入农户、田间地头面对面讲解政策；遇到老百姓不方便办理银行卡的，基层社保经办人员与银行工作人员一道提供上门办卡服务。

自脱贫攻坚战打响以来，各级社保经办机构围绕基本养老保险全覆盖的目标，精心部署，主动作为，通过多渠道、多形式扩大社保政策宣传，提高群众参保的积极性和主动性。全省基本养老保险参保人数从 2015 年的 2666.24 万人提高到 2020 年 7 月的 3081.43 万人，5 年间增加了 415.19 万人。截至 2020 年 7 月，全省城乡居民参保率达到了 98.49%。加强信息系统建设，不断完善和改进各级系统功能，实现了社会保险数据省级集中管理。近年来，通过请进来、送出去的方式，每年培训社保扶贫业务经办人员均超过三批次，特别是 2020 年疫情期间，在做好疫情防控工作的同时通过网上授课的方式对经办业务进行了培训，经过几年的努力，全省经办能力有了明显提升。各级经办机构充分认识到做好社保扶贫工作的重要性，始终坚持问题导向，增强责任担当，加强经办服务窗口作风建设，简化优化业务经办流程，推进标准运用，落实抓党建促脱贫的要求，开展扶贫领域问题排查和整改，着力解决贫困人口参保、待遇享受和政府代缴基本养老保险费等问题，发挥社会保险助力脱贫攻坚的作用，得到了贫困人员的好评。

面对面算清明白账　一对一讲透好政策

——西藏自治区林芝市围绕“四个一”推进城乡居民养老保险扶贫工作

近年来，西藏自治区林芝市人社局稳步推进城乡居民养老保险，实现贫困人员应保尽保。2019 年，该局围绕“四个一”工作措施全面完成建档立卡贫困人员政府代缴及待遇发放工作，做到了应保尽保、应发尽发，全市建档立卡贫困人员参保人数 14238 人，实际代缴保费人数 13591 人，年满 60 周岁建档立卡领取待遇人数 2525 人。

解惑释疑　开展一次培训

林芝市人社局开展城乡居民养老保险经办业务培训，组织全市各级经办人员集中学习城乡居民基本养老保险等社保扶贫相关文件。

通过各种方式，林芝市解答经办人员疑惑，保证城乡居保经办人员都能熟练掌握人社扶贫政策。

扩大影响　开展一次宣传

林芝市人社局充分依托“春风行动”和“12333”全国统一咨询日设立咨询点，向群众发放城乡居保宣传资料。为了全面宣传城乡居民基本养老保险及人社扶贫相关文件精神，林芝市还通过各种方式持续扩大政策知晓度和覆盖面，充分调动贫困人员参保积极性。

因人而异　开展一次解读

林芝市充分利用下乡检查、业务交流等契机，根据不同年龄阶段和不同缴费档次，为群众深入解读养老保险制度的优越性；同时，林

西藏人社部门工作人员深入乡村宣传城乡居民养老保险扶贫政策

芝市通过计算领取待遇金额，讲清实惠利益，鼓励群众积极参保。

规范管理　开展一次服务

林芝市制定参保流程图、待遇审批流程图、一次性告知清单和档案管理制度等，严把参保资格审核关。

对于符合参保条件但未参保的贫困人员和年满60周岁未申请待遇的贫困人员，开展一次集中服务，一对一电话通知，告知优惠政策，督促60周岁以上的贫困人员办理银行卡或存折，进行待遇申请。

特事特办　一帮到底

——陕西省商洛市丹凤县妥善解决特殊贫困人员养老金发放问题

为解决没有户籍和身份证件等特殊人员养老保险待遇问题，陕西省商洛市丹凤县居保办提高认识，积极作为，妥善解决了全县42名60周岁以上特殊贫困人员的养老金发放问题。

丹凤县在社保扶贫工作中发现一批未能正常办理城乡居保领取手续的建档立卡五保贫困户。经调查发现，这部分人大多是该县收留的流浪人员及部分残疾老年人，有的有户籍，有的连户籍都没有，都是特殊困难群体，生活不能自理。为了切实将他们的养老保险待遇落到实处，该县先后多次联系协调公安户籍部门，为他们办理身份户籍证明；联系银行为他们办卡开户，联系镇村及敬老院做好监管服务工作，将银行存折及时送到他们手中。

在办理居保手续过程中工作人员发现有一名满头白发年迈的老人，既不会说话，也没有身份证件。她是丹凤县医院在沪陕高速车祸现场抢救回来的人员，既不知道姓名也不知道住址，更不知道她从哪里来到哪里去。针对这一问题，丹凤县居保办主动联系了公安户籍人员为她专门办理了身份证件，取名“高路”。有了身份证件后到银行开了个人账户，这样才通过养老保险信息系统和金融管控平台为她发放了养老金。

在与扶贫系统数据比对中，丹凤县居保办还发现了一名特殊的老人，名叫“四川女”。该老人已年满60周岁但养老金迟迟无法发放，因为她是智障人员，无法前往银行进行开户。丹凤县居保办工作人员多次前往银行沟通。最终通过不断努力，丹凤县居保办与银行达成协议，由丹凤县居保办工作人员出具介绍信、村支部书记和委托监护人共同前往银行为老人代办开户。养老金由社保所和村委会共同监管，作为老人养老生活支出。

对每名特殊人员，丹凤县居保办都按照属地管理的原则为他们找到了监护人，并办理养老监护移交手续。通过对特殊贫困老人上门服务，实现社保扶贫“应保尽保、不漏一人”的目标。

陕西省人社部门工作人员进村入户深入宣传城乡居民养老保险扶贫政策

精准定位贫困人口　参保缴费不漏一人

——新疆和田地区墨玉县确保城乡居民养老保险扶贫政策落地

新疆维吾尔自治区和田地区墨玉县是国家级深度贫困县，总人口 62 万人，是新疆第二人口大县，辖 15 个深度贫困乡镇 204 个深度贫困村，贫困户 63808 户 277279 人，脱贫任务非常艰巨。

2019 年，墨玉县人社局加强部门联动和政策宣传，着力提升经办服务能力，把社保扶贫政策落到实处，全面完成社保扶贫工作任务。全县建档立卡贫困人口应参保 147671 人，已参保 147654 人，参保率 99.99%；贫困人员享受养老金待遇 27495 人，其中直接领取养老金 2221 人。

掌握数据　进行数据比对

墨玉县定期从人社部扶贫信息平台和自治区信息系统调取数据，掌握应参未参、应发未发人员信息。

同时，墨玉县将各乡镇劳保所数据进行比对，适时更新动态数据，精准定位贫困人口，将对比发现的疑点信息第一时间推送各乡镇，供各乡镇及时核查，及时发现问题，解决问题。

多方联动　进行二次比对

县人社部门与扶贫、民政、教育、残联等部门联动，进行二次数据比对，精准掌握贫困人口动态，落实贫困人员政府代缴政策。

2019 年，为 8.5 万贫困人员落实政府代缴资金 426 万元。与税务部门协调配合，紧密关注参保人员缴费关联信息，实现贫困人口参保缴费不漏一人。

新疆人社部门工作人员开展社保扶贫进农家活动

主动作为　提供便捷服务

墨玉县提前对年满60周岁的贫困人员进行数据比对，督促乡村两级提前做好待遇审核工作，保证参保人员从次月起享受养老待遇。

同时，他们为行动不便的老人提供上门服务，实现60周岁以上贫困人员待遇应发尽发。实现社会保障卡办理不出乡，让群众少跑路。

抓好宣传　引导主动参保

墨玉县人社局拍摄社保扶贫政策宣传微视频，采取群众通俗易懂的民族语言，利用农村基层宣传平台，宣传城乡居民养老保险政策。

此外，墨玉县开展“冬季攻坚”活动，用近3个月时间，覆盖全县362个行政村，开展社保扶贫政策面对面宣讲，将印制的33万张宣传单及宣传品发放到群众手中，做到贫困户户均一份，提高贫困人员对社保扶贫政策的知晓率。

政策进万家　服务送上门

——新疆生产建设兵团积极推进城乡居民养老保险扶贫

新疆生产建设兵团人社部门高度重视社会保险扶贫工作，始终将其作为一项政治任务和头号民生工作来抓，确保各项扶贫措施落实落地，取得积极成效。

完善政策措施　强化工作落实

2018年7月，新疆生产建设兵团人社局等部门印发了《关于切实做好社会保险扶贫工作的通知》，对进一步做好社会保险扶贫工作提出了具体措施，确保贫困人员应保尽保。同年10月，该局印发了《打赢人力资源社会保障扶贫攻坚战三年行动方案》，进一步细化了任务措施，压实了工作责任，强化了工作落实，不断加大社会保险等扶贫工作力度，并建立了考核通报制度，为推动人力资源社会保障扶贫攻坚工作持续深入开展、巩固脱贫攻坚成果打下良好基础。同年12月，转发了《人力资源社会保障部办公厅关于加快实现贫困人员城乡居民基本养老保险应保尽保的通知》，将年满60周岁、未领取国家规定的基本养老保险待遇的贫困人员全部纳入城乡居民养老保险制度，并按月发放城乡居民养老保险待遇。

加强数据比对　优化经办服务

兵团将扶贫、民政部门掌握的建档立卡贫困人口、低保对象、特困人员等数据在兵团社会保险信息系统中与参保人员数据进行逐一比对。对已参保贫困人员在社会保险信息系统中进行标识，对未参保贫困人员进行精准识别、精确统计、列表标注，并及时反馈到各师市及各团场，确保贫困人员参加基本养老保险。

兵团各师市进一步加强经办窗口作风建设，简化优化流程，推进标准应用，提升服务水平。加大贫困地区社会保险经办人员培训支持力度，提高培训层次和质量。组织实施“互联网 + 人社”2020 行动计划，将社会保险信息系统向基层延伸，打造方便快捷的基层经办服务平台。以开展“扶贫惠民政策进万家”活动为契机，深入团场、连队、社区，通过集中宣讲、发放宣传单等形式，积极进行社会保险政策宣传和讲解工作。同时，与广播电视台合作制作宣传音频文件、开设新媒体公众号等进行长期全覆盖宣传，贫困人员社会保险扶贫政策知晓率进一步提高。对建档立卡的贫困人员，主动开展上门宣传、上门认证等服务，让参保群众了解更多优惠政策。

落实代缴政策　提高待遇水平

为准确掌握兵团各师市贫困人员参保缴费及代缴城乡居民养老保险费情况，建立起按月调度制度，并定期对各师市社会保险扶贫工作进展情况进行通报。截至 2018 年 12 月底，兵团贫困人员 7.4 万人，社保信息系统标识 7.4 万人，标识率 100%。基本养老保险应参保 4.53 万人，已参保4.52万人，参保率99.78%，其中，城乡居民养老保险参保人数3.29万人，财政代缴城乡居民养老保险费3.29万人，代缴率基本达到99.93%，代缴总金额329万元。

2018年12月，经兵团党委、兵团同意，会同兵团财政局印发《关于建立兵团城乡居民基本养老保险待遇确定和基础养老金正常调整机制的实施意见》。一是完善待遇确定机制，明确加发年限基础养老金和提高高龄人员基础养老金标准。二是建立基础养老金正常调整机制，根据中央基础养老金调整方案和统一部署，统筹考虑城乡居民收入增长、物价变动、职工基本养老保险等其他社会保障标准调整和财力状况等因素，适时提出兵团城乡居民基础养老金最低标准调整方案。三是建立个人缴费档次标准调整机制，根据城乡居民收入增长情况，合理确定和调整城乡居民基本养老保险缴费档次标准，对建档立卡未标

新疆生产建设兵团人社部门工作人员进村入户提升城乡居民养老保险扶贫服务水平

注脱贫的贫困人口、低保对象、特困人员、重度残疾人等缴费困难群体暂时保留 100 元缴费档次。增设 3500 元缴费档次。四是建立缴费补贴调整机制，对选择 1000 元及以下档次标准缴费的，按原政策标准执行。对选择 1000 元以上（不含 1000 元）档次标准缴费的，按照每增加一个缴费档次每人每年增加 25 元的标准给予鼓励。五是建立丧葬补助金调整机制，将丧葬补助金发放标准与基础养老金标准挂钩，按照不低于参保人死亡当月当地 4 个月基础养老金标准发放。六是落实对建档立卡未标注脱贫的贫困人口、低保对象、特困人员等困难群体个人缴费兵团代缴政策。七是推进城乡居民基本养老保险基金委托投资工作，实现基金保值增值，提高养老金水平和基金支付能力。

2018 年 10 月，经兵团同意，会同兵团财政局印发《关于提高兵团城乡居民基本养老保险基础养老金最低标准的通知》，自 2018 年 1 月 1 日起，将兵团城乡居民基本养老保险基础养老金最低标准由每人每月 115 元提高至每人每月 140 元，增加 25 元。

城乡居民养老保险扶贫典型事迹

创新源于实干 信任源于专业
——记河北省保定市顺平县城乡居民养老保险管理中心刘军玮

热心、热情、细致、兢兢业业、任劳任怨……在河北省保定市顺平县，提起县城乡居民养老保险管理中心副主任刘军玮，群众无不交口称赞，这是对刘军玮在城乡居保岗位上近10年工作的肯定。

刘军玮从2011年8月开始从事城乡居保管理工作，此后她长期主抓城乡居保工作，近10年来多次代表市县参加省里组织的业务培训。她以扎实的工作作风、精湛的业务能力获得了各级同仁的一致好评，对顺平县城乡居保工作的发展作出了突出贡献。

平凡岗位 勇于创新

城乡居保各项工作任务艰巨、责任重大，每天面对的是老百姓，必然容不得有丝毫马虎。为了完成顺平县委、县政府部署的扶贫代缴任务，刘军玮本着精益求精的工作态度，带领同事们加班加点，夜以继日地工作。

在对数据整理核实代缴的过程中，由于高于代缴金额的贫困人员及特殊身份人员只有自缴部分到账后才能完成代缴，而 2019 年社保征收划归税务部门，正常缴费工作还没有开展。

为了代缴工作的顺利完成，她及时向领导汇报，与税务部门多次沟通协商，创新工作方法，联合税务部门进行反复摸索尝试，全县所有高档次贫困人员，除自愿放弃高档次缴费只享受代缴的人员外，72 人的自缴缴费和政府代缴圆满到账，这是截止到 2019 年 6 月底特殊人员第一个通过税务缴纳当年保费成功的县区。

这一成功典型迅速传遍全市，各县纷纷学习取经效仿。在 2019 年 8 月底，全市贫困人员的代缴任务基本完成，这与刘军玮的无私付出是分不开的。

兢兢业业　一丝不苟

在完成扶贫代缴任务时，为了不漏缴错缴，不漏发错发，刘军玮将系统中各类特殊身份数据与提供的原始数据综合比对，为四类人员创建了综合性大表，表中分类明确，各类数据标识一目了然。

经过刘军玮的不懈努力，顺平县城乡居保圆满完成了全县建档立卡贫困人口 22461 人、低保对象 13412 人、特困人员 2361 人的标识、录入、代缴、发放、复核等工作，建立了县、乡、村三级清晰明了的贫困人员电子档案、纸质档案，做到了贫困人员应保尽保、应发尽发，确保了贫困人员“参保 100%”“代缴 100%”“发放 100%”三项指标的顺利完成。

热情服务　无私奉献

刘军玮是农保业务部门出了名的热心人。

在工作中，刘军玮充分发挥自己的业务优势，尽自己所能帮助基层干部群众、兄弟县市排忧解难。

腰山镇人大主席葛卫红，在进行农村厕所改造过程中，急需提取需改厕人员的户主关系名单。由于乡镇现存电子花名册信息混乱，有重复数据出现，于是就给刘军玮打了求助电话。接到电话时已经走在回家路上的她没有犹豫，转身回单位，运用自己掌握的数据处理方法，反复琢磨尝试，终于完整地提取了所需信息，圆满完成了腰山镇厕所改建任务，获得了乡镇领导一致好评。

莲池区业务系统涉及南北市区合并的历史数据问题始终没有解决，接到莲池区的求助电话后，刘军玮二话没说，立即赶到莲池区政务中心，带领工作人员将数据分类汇总处理。几天后，合并顺利完成，为该区完成下一步工作扫清了障碍。

“欲问秋果何所累，自有春风雨潇潇。”刘军玮始终立足本职工作，以勤恳踏实的工作态度，在平凡的工作岗位上，做出了不平凡的业绩。

精准扶贫　草原深处见真情

——记内蒙古自治区包头市达茂旗社保中心郭煜

内蒙古自治区包头市达茂旗草原广袤而又美丽。郭煜生在大草原，长在大草原，继承了大草原的厚重和热情，在社会保险的工作岗位上，用热情、责任、担当担负起社保工作的重任。

郭煜是内蒙古包头市达茂旗社会保险中心主任。多年来，他致力于养老扶贫事业，助力脱贫攻坚，全力助推贫困人员基本养老保险全覆盖，着力兜牢民生底线，在自己的工作岗位上，不断打通社保扶贫的“最后一公里”，让更多贫困老人能够老有所养。

扶贫路上扛责任
为群众办事再复杂也必须办

家住达茂旗乌克镇碾草湾村的郭大娘这几天特别高兴。她逢人便说：“做梦也没想到，我也能享受到国家的养老好政策，真的感谢党、感谢郭主任啊！”

郭大娘是2020年4月份达茂旗社保中心在开展脱贫攻坚大排查大

摸底工作时发现的一个特殊的建档立卡贫困户。

之所以特殊，是因为旗社保中心主任郭煜在翻阅郭大娘的扶贫档案资料时发现，已经达到退休年龄本该享受养老保险待遇的郭大娘却没有领到一分钱。

为此，郭煜迅速展开全方位调查了解。为了更翔实准确地掌握情况，郭煜先是详细询问驻村干部，后是帮扶责任人，再是村委会，最后向郭大娘本人了解情况。原来郭大娘老家在丰镇市，20 年前由于家庭变故离家，未带任何证件只身到了达茂旗。多年后，丰镇市公安局在核对户籍时将其注销，如今的郭大娘成了既没有户口也没有身份证的“黑人”。郭大娘之前前往老家丰镇尝试办理过迁户手续，却未能成功。

郭煜清楚地知道，要让郭大娘享受养老待遇，首要的是为她恢复户籍。

郭煜（左）下乡入村看望贫困群众

可面临的问题是：跨域两个盟市，事关两个人的情感纠葛。郭煜暗下决心：此事需费一定周折，即便如此，必须办！

郭煜和郭大娘的帮扶责任人商量后，派人带着老人和乌克镇户籍民警前往丰镇办理此事。办理过程中，因前夫拒绝配合，村委会无法出示证明，丰镇市派出所不能为其办理，郭煜在电话里一边安慰郭大娘，一边想办法。

天无绝人之路，郭煜思忖再三，决定找达茂旗公安局分管户籍的同志，请求其与丰镇市公安部门直接对接，从落实精准扶贫政策“不落一人一户”的角度给予特事特办。好事多磨，凭着一股拗劲和毫不气馁的坚持，以及相关人员的大力配合，几天后，郭大娘如愿以偿，有了户口本和身份证。郭大娘笑在脸上，喜在心里，感激之情更是溢于言表。

不久，老人的社保卡就办下来了。按照政策规定，郭大娘的养老保险金从2020年6月开始发放，之后郭煜又积极通过市人社局向自治区人社厅反馈情况。在人社厅协调下，丰镇市社保中心给老人补发了2019年的养老金，郭煜总算吃了颗定心丸。

6月底，郭大娘一次性领取养老保险金2431元，之后按月享受养老保险待遇。与此同时，达茂旗1232名60岁以上符合扶贫政策的老人都按时足额享受到养老金待遇，真正实现了贫困人员城乡居民养老保险应保尽保。

扶贫路上铸爱心
一切为了贫困人员脸上满意的笑脸

达茂旗地广人稀，人员居住分散，郭煜经常带领扶贫干部不辞劳苦地奔走各村，深入贫困户家中、田间地头，宣传扶贫政策，摸排养老保险参保情况，累计发放了宣传资料1000多份，面对面与贫困户交流，了解他们的参保情况及生产生活状况，如春风化雨，深入人心。

在入村入户做工作期间，乌克镇碾草湾村贫困户孙才小老人引起了他的注意。

孙才小老两口都已 70 多岁。孙才小老人还身患类风湿关节炎，肢体关节严重变形，生活不能自理，子女在外地打工，生活较为拮据。

老两口的生活来源就是每月 200 多元的养老金，为此，每提及这份养老金，孙才小的脸上都会洋溢出幸福的笑容，逢人便说："没交一分钱，每月就能拿到钱，我们老两口真是有福了，赶上了好政策！"

在与孙才小交谈的过程中，郭煜发现孙才小耳聋程度较重，当时就产生了再帮老人一把的想法。当老人把三级残疾证拿到郭煜跟前的时候，从事社保工作多年的他，知道三级残疾并不是重度残疾，一些相关的补助金只有重度残疾人员才可享受。

郭煜第一时间与残联部门取得联系，残联领导对孙才小老人的情况非常重视，建议重新鉴定。郭煜当天就开车到碾草湾村把老人接到百灵庙镇，亲自陪同老人拍照、填表、鉴定。

因老人行动不便，上下楼梯较为困难，郭煜便背着老人楼上楼下地跑，认识的人还以为他陪着自己的父亲看病。鉴定完毕之后，郭煜又亲自送老人回家。老人下车后，郭煜把自己早已买好的助听器塞在了老人手里。

几天后，老人拿着鉴定结果拨通了郭煜的电话。电话里是老人喜极而泣的兴奋和无以言表的感激。他说："我现在能听见声音了，每年还能领到 1200 元的残疾人补助金，生活越来越好了。郭主任好人呀！"

赠人玫瑰，手有余香，郭煜全心全意为人民服务的精神，诠释了人民公仆的真正内涵。

国家的精准扶贫政策像阳光雨露一样，普照滋润着边疆草原的每一个角落。正是有一批像郭煜这样立足岗位用心动情的扶贫干部，才有了国家扶贫政策的全面落实，才有了老百姓对扶贫政策的由衷点赞。

织密社保扶贫网 兜牢民生底线

——记辽宁省沈阳市康平县社会保险事业服务分中心陈冠宇

康平县是辽宁省沈阳市所辖的一个县，已摘掉“贫困县”帽子两年多。此前，贫困人口不仅人员数量多、分布的村屯面广，而且遇到的具体问题复杂多样。贫困人口中低保对象 4873 人，特困人员 1841 人，而建档立卡贫困人口则有 12953 人，占全市 74.3%。

为了让这些贫困人员尽快摆脱贫困，有这样一位人社干部，以对党的忠诚，把责任扛肩上，把群众冷暖放心上，经常奔走在贫困群众中间。他的足迹遍布全县 17 个乡镇（街道）的 187 个行政村（社区），帮助建档立卡贫困人口、低保对象、特困人员实现应保尽保、应发尽发，确保了新增贫困人员动态清零。

他就是康平县社会保险事业服务分中心主任陈冠宇。

在社保扶贫的路上，不落下一人

为采集贫困人员基础信息，陈冠宇带领分中心同志走村入户，采取“看、听、问”方式，历时一个月，不辞辛苦和疲劳，足迹踏遍了全县17个乡镇（街道）的187个行政村（社区），详细地记录贫困人员现状，共采集和整理贫困人员信息2万余条。

康平社保分中心每月要将采集到的贫困人员基础信息，与人社部下发的贫困人员数据、民政部门提供的贫困群体数据进行比对，还要与本系统社保数据比对，与公安、教育部门沟通，了解相关人员确切信息。

陈冠宇每次都要对需要比对的人员信息认真核对，这项任务工作量大，特别耗神，过度劳累使得他瘦了一圈。同事劝他注意身体，他说啥也不听。

在他和同事努力下，康平社保分中心共为1.9万名符合条件的参保人员办理了参保手续。

陈冠宇（左）走访贫困户，宣讲社保扶贫政策

为了让每名贫困人员参保不掉队，陈冠宇多次与县公安部门沟通，调阅扶贫人员亲属信息，又通过县人社局广泛发动乡镇（街道）、村（社区）工作人员，查找扶贫对象。

康平县胜利街道文化村的建档立卡贫困人员叶凌飞，已经在深圳打工、生活多年，工作地点不固定，手机经常换号。文化村工作人员经多方努力联系上了他。但当叶凌飞获知可免费参保时起初并不相信。得知此情况后，陈冠宇通过微信视频，“面对面”向叶凌飞讲解社保扶贫政策，还让已参保的同村建档立卡贫困户现身说法。

叶凌飞感动地说：“你们付出的努力和辛苦，太让我们贫困人员感动了！”随后，他通过亲属办理了参保手续。

在陈冠宇的努力推动下，317 名建档立卡贫困人员办理了免费参保手续。

用好用足社保扶贫政策，惠及贫困人员

为了让更多人员获知国家的好政策，陈冠宇想到了借助媒体进行宣传。他协调有关部门，通过县融媒体中心、政府网站，对“建档立卡贫困人口、低保对象、特困人员等困难群体，政府为其缴纳社保费，已满 60 周岁以上的人员不用缴费，直接享受社保待遇”的惠民政策进行宣传报道。

家住东关屯镇的张女士、东升乡的赵女士看到惠民政策消息后，都不约而同地说：“个人不用缴费，就能享受待遇，党和国家的政策真好！”并把这一消息传遍了左邻右舍。

陈冠宇积极争取县行政部门支持，与 200 多个乡镇（街道）劳动助理等经办人员，建立了社保扶贫工作微信群。由微信群就社保扶贫

对象范围、政府代缴档次、享受待遇时间等问题，统一发布社保扶贫政策问答，便于劳动助理和经办人员了解和掌握社保扶贫政策。微信群年点击量超过2000人次。一些乡镇劳动助理深有感触地说："社保扶贫政策，掌上就能随时随地查询和了解，太方便了。"

陈冠宇身体力行践行社保政策。张强镇劳动助理赵晓东来到镇敬老院，动员4名智障人员参保。敬老院工作人员虽认为这是件好事，但担心老人一旦享受社保待遇，特困人员救助供养待遇就不能享受了。

赵晓东尽管作出解释，但工作人员还是半信半疑。赵晓东将此情况反馈给康平县社保分中心，陈冠宇了解后，主动争取县人社局、信用社等部门支持，集中在敬老院现场办公，与敬老院工作人员面对面解疑释惑，明确特困人员社保待遇与救助供养待遇可以同时享受。敬老院工作人员的疑虑没有了，随即就为特困人员找来身份证，填写参保登记表，很快为这4名特困人员办理了参保手续。

勇于破解社保扶贫难题，为扶贫工作铺平道路

陈冠宇着力破解代办员业务技能不强的问题。针对全县各乡镇（街道）、村（社区）代办员办业务技能不强、不精的问题，他争取市社保中心支持，安排3名社保业务能手、农工商行业务骨干集中授课，围绕贫困人员办理参保登记时限和流程、贫困人员信息入户核实等业务为500余名代办员进行系统培训，使他们受益匪浅。一些代办人员说："这课听了解渴，一听就明白、马上就能操作。"

陈冠宇还设法解决了特殊群体参保的难题。康平县二牛所口镇二牛村建档立卡贫困人员贺迎新，因患精神疾病长期在铁岭市开原精神病院住院治疗，个人不能到场办理社保卡，其年迈多病的父母盼望着

孩子早日参保。镇劳动助理刘欢去家访时，得知此事，联系到康平社保分中心。

陈冠宇了解情况后马上找到县信用社领导，讲明社保扶贫对贫困人员是一项特殊政策，最终争取到对特殊人员采取特殊办法的办理方式。在当事人确实不能到场的情况下，为其办理了社保卡银行相关手续。当贺迎新的社保卡被送到他父母手中的时候，老两口激动地说："感谢党和政府，多亏了社保扶贫政策，除去我们全家人的一块心病啊！"

扶贫路上无娇女　巾帼撑起半边天

——记吉林省通榆县社保局王天娇

都说扶贫工作是一项光荣而艰巨的任务。面对党组织赋予的使命，文文静静的王天娇却以柔弱之躯，擎起城乡居民养老保险精准助力扶贫的重任，在脱贫攻坚这场没有硝烟的战役中，她经受了磨砺，赢得了考验。

业务精湛　本领过硬

通榆县是国家级贫困县，全县建档立卡贫困人口5万多人，其中需代缴城乡居保费的就高达22000人。

为确保城乡居保精准助力扶贫工作不错一人、不落一人，王天娇带领科室同事们将全县所有贫困人口的参保、代缴、享受待遇情况建立了一整套清晰、完整、精准的工作台账，并按贫困人口数据变化及时作出动态调整，保证实施精准。

无私奉献　坚忍不拔

2017年末，正是贫困人口参保工作任务最繁重的时期，正在待产的王天娇忍受着怀孕后期的不适，依然和同事战斗在一线岗位。要不是就医及时，孩子差点儿生在办事大厅。即便这样，她还乐观地说：“让宝宝的胎教从接受扶贫洗礼开始。”

一句玩笑话的背后却是王天娇作为一个年轻妈妈对孩子愧疚的泪水。就这样，在别人看来，根本无法完成的工作，她硬是凭着“咬死口、不吭声”的韧劲，带领同事“五加二，白加黑”，在一个多月的时间内完成了覆盖全县的 7376 名贫困人口的信息登记。

2018 年 2 月，刚刚生产完的王天娇感觉身体不适，去吉大一院就诊后确诊为产后甲状腺炎。产假结束后，她一天病假都没有休又投入到紧张的工作中去。即使时常出现头晕、心脏不适等症状，也只吃些缓解心率过速的药，从不曾离开工作岗位，只为圆满完成这项严肃的政治任务，不负通榆人民的殷切期盼。

脱贫退出有考核标准，但服务人民群众却没有具体的标准可循。为了让全县困难群众都能够“老有所依”，王天娇舍小家、为大家，倾情扶贫工作，赢得了群众的认可和赞誉。在她热爱的社保扶贫事业中，她尽情挥洒辛勤的汗水，一展巾帼风采，为通榆县脱贫工作取得最后的胜利贡献力量。

王天娇（左）深入贫困户家
宣传养老保险政策

心系城乡贫困群众　牢记社保兜底使命

——记吉林省龙井市社保局朱丹智

"80后"的他深切热爱城乡居保事业，始终怀着谦逊、严谨的工作态度，灌注所有心血在工作上。他自学朝鲜语，刻苦钻研开拓创新，千方百计让工作事半功倍；他担当作为，身负车祸重伤也轻易不下火线，舍小家顾大局。在平凡的岗位上，他的扶贫工作取得显著成绩，获得当地干部群众的广泛好评。

他，就是吉林省龙井市社保局城乡居保科负责人朱丹智。

倾力为民　撒播希望

龙井市是一个少数民族聚居的地区，参保群众的民族语言一度成为沟通的障碍，为了更有效地沟通，帮助群众答疑解惑，朱丹智学习了朝鲜语。

这个有着十年乡镇工作经历的年轻小伙，凭着对群众的炽热情感投入到社保扶贫的具体工作中。他相信"脚下有多少泥土，心中就沉淀多少真情"，进村宣传城乡居保的政策，和群众拉家常了解诉求，对群众的来信来访热情接待。

特别是近年来，脱贫攻坚工作不断深入开展，朱丹智每季度都和各村的驻村工作队“碰次头”，通过工作队的反馈，对业务的堵点、难点进行梳理，针对群众迫切的需求，适时地对业务经办流程加以修正，让社会保险真正地便民利民。

善于钻研　主动作为

朱丹智针对龙井市的基本情况进行汇总分析，在建档立卡贫困人口精准识别阶段就开始对贫困人员参保状态及身份信息进行排查，配合市政府核查贫困人口不错、不漏。

社会保险扶贫的首要任务是应参尽参，2017 年初在充分调取基础数据的前提下，朱丹智筛选出未参保人员名单，主动同各乡镇政府及行政村沟通，并根据贫困人员无力缴纳社会保险的情况，协调部分村利用村集体收入为贫困人员代缴社会保险费。

在他和同事的共同努力下，在 1 个月内收集了所有参保资料并完成了全市贫困人口代缴养老保费任务。在他的努力下，社保扶贫有条不紊地完成各阶段的目标，在 2018 年完成了脱贫摘帽的阶段性目标。

铁血硬汉　勇于担当

2019 年是脱贫攻坚的巩固提升年，朱丹智一家在 8 月不幸发生了一起车祸，全家都受了伤。此时正值全市脱贫攻坚“回头看”的关键时刻，刚住院两天的他不顾自己的身体及正在住院的妻子和孩子，就火速投入到工作中去，在 1 天中硬是把 3 天才能做完的工作赶了出来。

同事们看到后都很心疼，劝他回医院治疗，朱丹智却坚持说自己把工作完成才放心。直到工作结束他才回到医院。

在 2019 年底，朱丹智为龙井市成立数据共享平台献计献策，实现了全市的数据共享，为政府制定脱贫政策提供了技术基础。他用行动诠释初心和使命，用付出彰显责任与担当，在脱贫攻坚战一线彰显社保人的担当。

朱丹智（右）深入贫困户家宣传养老保险政策

当好排头兵　做好贴心人

——记黑龙江省佳木斯市城乡居民养老保险局胡靖宇

在黑龙江省佳木斯市扶贫办、低保局和市残疾人联合会的办公室经常能看到一位面部黝黑、身材清瘦的中年汉子，他就是佳木斯市城乡居民养老保险局稽核科负责人胡靖宇。

作为佳木斯市城乡居民养老保险扶贫工作的联络员，胡靖宇需要经常奔波在这三个单位，推动与它们建立贫困人员、低保对象、重度残疾人信息交流平台，获取相关信息，以提升政府代缴参保费的时效性和精准性。

三年足迹　踏遍十三个乡镇一百多个社区

胡靖宇是两个孩子的父亲，爱人在社区工作，生活的重担并没有改变他对城乡居保事业的热情。

为了宣传扶贫政策和开展领取社保待遇资格认证等工作，胡靖宇经常深入乡镇、村屯。近三年，他走村入户，至少有一半时间奔波在全市十三个乡镇，一百多个社区。工作虽苦虽累，但他始终没有怨言。

为推动佳木斯市城乡居民养老保险扶贫工作的进一步开展，胡靖宇认真研读《人力资源和社会保障部、财政部、国务院扶贫办关于切实做好社会保险扶贫工作的意见》《人力资源和社会保障部办公厅关于加快实现贫困人员城乡居民基本养老保险应保尽保的通知》和黑龙江省人社厅制定的有关城乡居民养老保险扶贫工作文件精神，协助领导制定符合本地实际的城乡居民养老保险扶贫工作的一系列文件，为佳木斯市城乡居民保险扶贫工作的开展打下了坚实的基础。

多方沟通　建立信息数据交流平台

胡靖宇积极与相关部门沟通，建立信息交换机制。为了推进城乡居民养老保险扶贫工作的开展，胡靖宇与市扶贫办、民政局、残疾人联合会沟通以获取基础数据。

由于各部门掌握的贫困人员的数据存在变量，给基层核实工作和贫困人员申报带来诸多不便，他多次与各部门的领导和技术人员交流、座谈，取得了他们的支持，通过协商、签署保密协议等方式获得了扶贫系统、低保系统的查询权限，同残疾人联合会建立了信息交流平台，定时获取数据，做到了实时查询，取消了参保人需提供相关要件等程

胡靖宇（站立者）查看信息平台

序，基层工作人员可以在网上核实申请结果，为全面落实扶贫政策创造了条件。

解释政策难题　推动社保扶贫工作有序开展

胡靖宇认真研究政策规定，向群众做好政策解释和指导。

为了能使社保扶贫工作保质保量开展，胡靖宇精准掌握政策规定，指导全市做好扶贫政策落实，对各县（市）提出的问题和咨询作出准确而全面的答复。

人社部和省厅高度重视社保扶贫工作，在原有的报表统计工作的基础上建立了“人社扶贫信息平台”，与国务院扶贫办数据进行了对接，使社保扶贫工作精准到人。有时由于部门之间的统计口径不一致，给扶贫工作的落实带来了一定的困难，各县（市）出现的问题多种多样。

每次胡靖宇都会对出现的问题及时了解，并认真解释出指导，顺利完成平台信息的上报工作，得到了相关部门的高度肯定，为社保扶贫工作的有序开展提供了有力的保障。

胡靖宇及时汇集参保情况，做好扶贫信息整理。他利用对信息系统的了解，及时汇集金保工程系统中的贫困人员参保情况并与扶贫办、民政、残联的数据进行比对，提取出未参保人员，分类下发到基层经办机构进行宣传和参保工作。

胡靖宇还对工作结果进行汇总和登记，建立了贫困人员参保情况电子台账。他还利用疑点信息处理平台对贫困人员在省外参保情况进行比对，并将结果记录到电子台账中。这大大减少了基层工作人员的工作量，为政策的落实提供了有力的支持。

多年来，胡靖宇倾注心血于社保事业，多次被评为“优秀共产党员”，连续三年考核为优秀，2018年度被评定嘉奖一次。胡靖宇受到基层群众的广泛赞誉，被称为“人民群众的贴心人”。

三年来，佳木斯市共为4.91万人次的贫困人员，代缴养老保险金491万元。这些数字的背后，向群众传递的是党和政府的殷殷关切。

扶贫无小事　温情暖人心

——记上海市青浦区华新镇社区事务服务中心陈林

陈林是上海市青浦区华新镇社区事务受理服务中心社保战线的一员，从老农保时期开始从事养老保险工作至今已近20年了。

陈林待人和善热心，脸上时常泛着亲切的微笑。在她笑容的背后总有股自信和从容，中心职工都亲切地叫她“阿姐”。作为城乡居民基本养老保险工作人员，她欣然接受了推动贫困人员参保的全新挑战，以共产党员的觉悟和担当，主动承担了绝大部分工作。

既当配角又当主角　积极协调村居组织参与工作

陈林本着“当好配角更要当好主角”的理念开展相关工作，通过“三步走”把人员情况掌握得清清楚楚。

她先是将城乡居保扶贫数据中贫困人员名单发放到各村（居）委会，由村（居）委会工作人员协助摸底排查，了解贫困人员的基本情况；再根据反馈结果，把贫困人员按照参保复杂程度分成一般贫困人员、特殊贫困人员、其他困难人员等不同类别；最后，通过定期召开社会保障推进会，将一般贫困人员的参保任务分解到村（居）委会，讲清讲透工作政策，形成上下的工作合力。

同时，陈林不当“甩手掌柜”，在做好日常业务的同时，还建立一个微信工作群，时时在线解答问题，甚至在因病手术后也坚持答疑，及时解决村（居）委会在贫困人员参保上遇到的问题，推动贫困人员积极参保。

既当宣传员又当“老娘舅”　不厌其烦化解群众疑虑

对于特殊贫困人员，陈林按照实际情况来制订相应的工作计划，做到一人一档。

陈林（右）向贫困群众宣传城乡居民养老保险政策

家住华新镇金瑞苑社区的周师傅，是一名超过60周岁的贫困人员。之前由于其他事情，他与居委会工作人员发生过矛盾，在居委会工作人员上门介绍贫困人员参保政策时非常排斥，对政府工作人员也有抵触心理，认为这是想让他放弃领取最低生活保障金的资格。

得知这一情况后，陈林多次致电周师傅，从拉家常开始，渐渐取得了老人的信任，她专门上门为老人详细介绍贫困人员参保政策及好处。在她的耐心讲解下，周师傅欣然接受，并在她的陪同下前往居住地附近的凤溪分中心办好参保手续。

在前期排查中，陈林还发现有一名超龄贫困独居老人华师傅户籍在华新镇，老人长期居住在养老院，家人也不在身边，且对工作人员缺乏信任感，工作难以开展。陈林知道这个情况后，多次前往养老院探望华师傅，从关心老人的生活起居为切入点，慢慢走进老人的心里，让老人从心底里信任她、认可她。老人当场签收了贫困人员参保告知书及相关材料，如期办理了参保。

既要实做也讲巧做　信息资源共享提高效率

陈林也是个爱动脑筋的办事人员。工作中她发现每次区社会保障中心下发的新增贫困人员名单和镇里民政部门整理的每月新转入和新申请通过的人员名单一致，她便想到可以在相关人员申请贫困最低生活保障时，就提前介入引导宣传。

于是，陈林和镇民政部门的工作人员一起对贫困人员进行参保政策宣传，并及时解答贫困人员对享受低保政策与城乡居保政策是否存在冲突方面的疑惑。经过实际操作，效果很好，大部分贫困人员在通过最低生活保障认定后第一时间就来镇社区服务中心进行城乡居民参保登记。通过改善工作流程，在每次区社会保障中心的贫困人员名单下发之前，陈林都能提前完成大部分人员的参保工作，大大提高了办事效率。

华新镇凤溪社区有一名贫困人员房老伯，一家三口，老人还未到退休年龄，儿子残疾无业。在他前往申请最低生活保障时，陈林就已经注意到他的特殊情况。经过与民政部门工作人员沟通，陈林了解到房老伯一家符合领取最低生活保障待遇的条件，便联合民政工作人员一起向老人宣传城乡居保政策。起初房老伯还心存疑虑，担心参保领取养老金后会影响低保其他方面的救助。经过陈林和同事们耐心细致的政策解释，房老伯打消了顾虑，参加了城乡居保。

近3年的时间里，通过陈林和镇社区服务中心其他工作人员的共同努力，华新镇贫困人员参保工作取得明显成效。2019年，华新镇贫困人员参保率达100%，超龄贫困人员也100%签署了告知书。2020年，华新镇贫困参保对象有93人，到8月份87人已参保，参保率达93.5%，剩余人员在10月底全部完成参保。

奋战脱贫攻坚一线的“青年团”

——记上海市虹口区社会保障服务中心

上海市虹口区作为中心老城区，随着城市更新改造，正处在高质量发展的关键期。虹口区有着人口密度高、老龄化程度高、人户分离数高的“三高”特点，养老服务全方位、多元化是虹口区坚持不懈探索的课题。为进一步织密扎牢社会保障“安全网”，实现贫困人员城乡居民基本养老保险应保尽保，虹口区社会保障服务中心层层立下军令状，级级传导压力，建立各负其责、合力攻坚的责任体系。

“走访嘉兴街道，集合居委会干部座谈并进行政策指导”“沟通协调贫困人员王先生养老金申请情况”……一条条工作计划记录在虹口区社会保障中心的工作本上。

中心人员是一支充满战斗力、凝聚力、创造力的居保工作“青年团”。自《人力资源社会保障部办公厅关于加快实现贫困人员城乡居民基本养老保险应保尽保的通知》下发以来，虹口居保“青年团”始终把打赢脱贫攻坚战的信念记在心上，把为老百姓解决实际需求的责任扛在肩上，把精准扶贫、分类施策的方针落实到行动上。

"三级网络""一张网"疏通老城区人户分离工作堵点

虹口区共有贫困人口6067人，其中年满60周岁贫困人员960人。第一批贫困人员名单下发时，名单中的人户分离数占比44%。这无疑加重了"三高"老城区社保扶贫政策宣传的难度。

为竭力将社保扶贫举措落实到每一个街道、每一个贫困群众，面对难啃的"硬骨头"，虹口区社会保障服务中心会同街道梳理出与此项工作关联性较大的部门，打通"关节要脉"，形成"三级网络""一张网"的社保扶贫体系。由中心负责扶贫前期筛查、工作部署、业务指导形成一级网络；街道负责牵头民政救助、司法所等对下发的贫困人员名单进行摸排、告知形成二级网络；居委会负责进一步核实、上门动员等进而形成三级网络。同时整合民政、动迁办、人口办、退役军人事务管理局等部门形成区域内扶贫一张网，多渠道、多节点沟通，共同解决全区人户分离数较多的现状，集合各方智慧、共享数据资源、千方百计想办法，将政策内年满60周岁贫困人员告知到位。

为更好攻坚克难，居保"青年团"发放社保宣传折页1000份，多次走访各街道，召开各层级贫困人员工作推进会10余次，主动了解街道在工作推进中的痛点和难点，从摸排现状中找问题、找方法、找亮点，形成围坐一起解决问题、经验特色交流推广的良好格局，有效提升扶贫工作成效。

在领导的重视和各级部门的努力下，虹口区人户分离数最多的四川北路街道告知率从54%迅速提升至98.8%。

“互联网＋社保扶贫”
主动跨前来“敲门”

“吉叔叔您好呀，有个好消息告诉您，现在无须携带户口本就可以办理城乡居保参保和养老业务了！”这是千百个贫困人员工作推进电话中的一个。

电话中的当事人是来自江湾镇街道的一名贫困人员，本人在表示有意愿参保且签署了《贫困人员告知书》之后迟迟未去街道办理手续，电话回访时才了解到由于家庭矛盾本人不方便提供户口本，且本人瘫痪在床又无法办理户籍证明，故一直没有办理参保手续。

2019 年年底，为响应上海市政府大力开展“双减半”进一步提升“一网通办”改革效能的号召，在市人社局的部署下，依托共享互联网大数据实现城乡居保 13 项业务“零材料提交”的目标，经办机构通过取证照库信息，直接完成申报材料的电子档案收集。

虹口区居保“青年团”在接到市里通知的第一时间指导街道梳理贫困人员工作台账，对于可以受益的贫困人员予以告知，于是在大家的齐心协作下，有了“吉叔叔”这样的受益人。

不讲“官话”办实事
为群众搭建“解忧百货实体店”

居保“青年团”作为贫困人员利益考量的“计算器”，以贫困人员利益最大化为优先，通过系统筛选、信息核查、政策比对，对不同人群分类施策，让贫困人员获得真正的政策实惠。

薛女士是街道第一批上门宣传告知的贫困人员，由于低保待遇高于城乡居保，她有些犹豫。2020 年上半年得知薛女士再婚配偶低保的身份可能会“摘帽”的情况后，工作人员再次上门动员，耐性细致的政策解读促使薛女士办理了城乡居保参保手续。

和薛女士一起生活的女儿目前正处于无业状态，工作人员为让其意识到“缴与不缴不一样、早缴晚缴不一样”，拿出纸笔为其计算“养老清单”，帮助其增强早参保、早规划的意愿，并为其解读政策。

根据有关文件，作为贫困人员的薛女士女儿，其本人每年只需缴费 55 元，剩余 445 元由政府代缴，还可享受 200 元的政府补贴。在工作人员努力下，薛女士女儿也一并参加了城乡居保。事后薛女士给街道打来了感谢的电话：“我和女儿终于得到了终身保障，太感谢你们了。”

齐心协力动态追踪
带着感情真扶贫扶真贫

贫困人员群体结构复杂，文化水平普遍较低，这无疑给居保政策的普及增加了难度。

居保“青年团”上门宣传前都要再三进行系统筛选、核查信息，反复和民政部门核实政策相容性。为确保贫困人员利益最大化，分类施策，这些“隐形”工作蕴含了居保人的默默付出。

俞先生出现在 2020 年 7 月下发的超龄贫困人员名单中，身份标识是“低保”，按照政策，俞先生可直接被纳入城乡居保养老范畴。

居保工作人员第一时间上门宣传居保政策，了解到俞先生长年卧病在床，无配偶子女，由姐姐照顾，生活十分困苦，但姐姐出于顾虑拒绝为其参保。

虹口区社会保障服务中心在开会研究工作

俞先生艰难的生活环境被居保人记挂在心，为让俞先生老有所养，工作人员连夜召集居委会和民政干部共同协商，并让民政干部实时追踪反馈俞先生家庭动态。根据居保人提供的信息，民政干部发现俞先生符合特困申请条件，考虑其行动不便，居委会工作人员主动上门为其办理相关手续后及时将这一情况反馈给居保工作人员。居保工作人员再次上门，将特困待遇和居保养老待遇可以叠加享受的政策告知家属和本人，俞先生和姐姐终于放下了顾虑，办理了居保。

在脱贫攻坚这条任重而道远的路上，城乡居保担负着贫困人员基本养老保险全覆盖的艰巨任务，虹口居保人更是拿出了咬定青山不放松的韧劲和铆足决战必胜的干劲，撸起袖子加油干。

有温度、重坚持、讲奉献的虹口居保人默默做着这座城市的“供暖人”，他们是将贫困人员的难处时刻记挂在心的“贴心人”，是将贫困人员工作推进落实的“践行者”。

社保念好“扶贫经” 畲乡走出“脱贫径”

——浙江省丽水市景宁畲族自治县社会保险事业服务中心做好城乡居民养老保险扶贫工作

浙江省景宁畲族自治县因地处偏远山区、交通闭塞，自然资源贫乏，是一个集“老、少、山、穷”为一体的贫困县。为集中力量打赢脱贫攻坚战，景宁大力实施社保扶贫工程，为贫困人民撑起“社保扶贫伞”。

全民参保——精准扩面让养老无忧

“政府想得真周到，让身在外地的景宁人也能享受家乡贴心的养老保险服务。我人在山东，为办事专门回一趟景宁耗时又耗力。现在家乡把服务送到身边来，真的是又方便又贴心。”在山东的景宁人吴汝科高兴地说。

作为人口外出大县，景宁超三分之一人口在外创业，要想做好全民参保工作，域内域外都要“下功夫”。

景宁在实施全民参保计划时，坚持宣传与引导先行、服务与管理并举。在域内，运用全民参保登记系统进行大数据分析，由乡镇社保员与扩面资源精准对接。不断深化缴费补贴政策宣传，引导群众积极参保缴费，鼓励按需提高缴费档次。加强部门间信息共享机制，简化办理流程，主动为符合全额代缴对象办理参保手续。发挥乡镇考核和创新实干大赶考的激励作用，通过每周“红黄榜”进度通报机制调动基层工作积极性。

在域外，景宁建立“在外景宁人乡情数据库”，服务外出群众。目前，景宁已在外出人口相对集中的天津、山东、四川等 12 个省（市）建立了 18 个域外服务中心，为畲乡近 7 万在外务工、创业人员办理高频人社业务。

景宁县的基本养老保险参保率从 2016 年的 76% 提升到目前的 97.23%，增长了 27.9%。

政府买单——困难群众享保障

“政府给我们夫妻缴了社保费，60 岁开始就有钱拿了，以后女儿负担也小一点，心里也就踏实了。”在景宁县四格村，任周元开心地和村民聊着天。

任周元和社保的结缘，还要从 10 年前说起。2001 年，一场车祸给任周元造成一级重度残疾，失去劳动能力，而家中还有一对双胞胎女儿需抚养，生活十分困难。

2010 年，景宁县开始试行城乡居民社会保险制度，将符合参保条件的城乡居民纳入制度化保障之中。对像任周元这样的重残、困难人员，政府给予个人缴费部分按当年度最低档次标准全额补贴。

当任周元得知政府已经主动全额为自己代缴了参保费时十分开心。

同时，工作人员告诉他，像他妻子这类的低保对象，政府也会给予当年度最低档次标准缴费补贴。他二话不说也让妻子办理了参保手续，夫妻俩一起成为第一批参保的人员。

残疾、低保群体是社保扶贫的重中之重。近年来，景宁不断出台有针对性和实效性的社保扶贫政策，促进扶贫机制从临时性、阶段性向常态化转变，减轻贫困人员的缴费负担。

人社、民政、残联等多部门密切协作，共同做好困难群体信息数据共享和比对工作，精确掌握全县符合政府代缴条件的困难群体情况。实施动态清零管理，建立工作台账，力争实现贫困人员参保全覆盖，助力精准脱贫。

10年来，景宁逐步实现了从重度残疾人员到所有残疾人员的全覆盖，从低保对象到低保户、低保边缘户和其他经济困难户中符合参加城乡居民基本养老保险条件人员的全覆盖，从部分享受100%补贴、部分享受50%补贴到全部享受100%补贴的全覆盖。至2019年底，景宁为6679名符合条件的困难对象全额代缴了城乡居民养老保险，让他们不花一分钱就能实现“老有所养”。

改善民生——
待遇水平稳步提高

“这是我第四次涨养老金了，以前一年大概是900多元，现在1年有2000多元，对我来说这笔钱真的太有用了！”郑坑乡的包娟燕开心地说，“乡里社保员说等我80岁还会有高龄补贴，我的养老金会比现在更多。”

郑坑乡不少村民都靠务农维持生计，现年74岁的包娟燕就是其中之一。包娟燕丈夫已患病去世，儿子身体也不好，需长期服药，包娟燕一家是村里建档立卡的贫困户。她说每个月都能领到190元的养老金是幸福的，这是这个家庭重要的生活来源之一，而且儿子的养老保险费也由政府全额代缴，更是免去了她的后顾之忧。

景宁以建立激励约束有效、筹资权责清晰、保障水平适度的城乡居民基本养老保险待遇确定和基础养老金正常调整机制为目标，推动城乡居民基本养老保险待遇水平随经济发展逐步提高。

2015年至2019年，景宁的城乡居民基本养老保险基础养老金标准从100元提高到155元，提高了55%。截至2019年，全县享受城乡居保待遇24388人，月人均养老金192.19元。2020年，根据省市部署，拟再次调整城乡居民基本养老保险基础养老金标准，并对65岁及以上参保城乡的老年居民予以适当倾斜，不断增强参保居民的获得感、幸福感、安全感。

网络搭桥——“刷脸认证”进万家

“真是太谢谢你们了。我年纪大了去趟城里不容易，现在在家有人帮我办，真是太方便了。”惠明寺村的畲族老奶奶雷福仁已经75岁，景宁县社保中心了解到她的情况后，特地安排会讲畲语的工作人员上门为她“刷脸认证”。

景宁作为山区县，素有“九山半水半分田”之称，山高路远、交通不便，最远的村到县城有2个多小时的车程，而且大部分是盘山公路。很多居住在偏远山村的退休老人，每年最烦恼的就是要进城做待遇认证。

为方便参保人员，景宁在 2017 年率先推出待遇资格人脸识别认证服务，让群众足不出户就能完成待遇资格认证，这一举措荣获 2017 年度中国“互联网 +”十大优秀案例。

该服务依托网络平台，将人脸识别技术与社保数据库高效衔接，精准判断参保人员身份，实现线上社保待遇资格认证。

经过 3 年多不断推广，如今“刷脸认证”已如衔泥春燕般飞入寻常百姓家，得到了群众的广泛认可和一致好评。

精准帮扶——做“有温度”的服务者

澄照乡东畔村村民梅永欣，1961 年为生计外出福建、江西等地打工，近 60 年未与家人联系，这也导致他成为无户籍人员。直到 2020 年初，在有关部门帮助下，梅永欣寻亲回到景宁并补录了户籍。景宁县社保中心了解到该老人生活困难且因无户籍而一直未能享受城乡居保待遇后，主动安排“人社帮帮团”，上门为他解决养老保险待遇享受问题。

“现在不仅回到家里，以后每个月还有养老金可以拿，以后我再也不用担心生活问题了。”梅永欣激动地说。

精准帮扶是景宁社保扶贫的一项重要举措，针对梅永欣这类特殊困难群体，景宁社保始终坚持“特事特办、帮办代办”理念，将社保资源向他们倾斜，构建向困难群众提供“面对面”便捷社保服务的网络。

一方面，组织干部与困难乡镇、困难群众建立结对共建关系，下沉人社服务力量，通过走村入户开展政策宣传、业务咨询办理、待遇资格认证等服务。另一方面，由人社局相关科室负责人、乡镇社保员、志愿者等组成人社“帮帮团”，并联合税务、公安等多部门，为困难群众提供“妈妈式”帮办代办服务。服务内容也从原来的“工作人员定向服务”转变为“群众下单”，即群众通过预约方式向乡政府或各村委进行下单，人社局再根据群众需求，分配人社帮帮团成员开展有针对性的服务。做到哪个口上有问题，哪个口上来解决，精准为群众提供代办服务，实现群众办事“跑零次”。

景宁县社保中心通过实施“有力度、有温度、有高度”的城乡居民养老保险扶贫，把“温暖”送给广大贫困人员，基本实现“困有所扶，老有所养”，托起畲乡人民“稳稳的幸福”。

社保工作人员走村入户宣传“刷脸认证”

十年坚守践初心　扎根基层暖民心

——记安徽省宿松县北浴乡迎宾村人社协理员胡飞

“胡伢，我又来问你一件事”，一位大妈刚进村办公室就直奔胡飞而去。埋头工作的胡飞抬起头，熟练地取出一个杯子，倒上热水递给大妈，热情地说：“您先坐，啥事慢慢说！”

从和群众多说几句话就脸红的青涩大学生到乡里乡亲交口称赞的村人社协理员“胡伢”，胡飞的10年青春都挥洒在深山里的农村里。10年前，他不顾家人反对放弃高薪工作毅然返乡。10年来，没有惊天动地，没有豪言壮语，他脚踏实地、俯下身子，在村人社协理员的岗位上传递着党和政府的惠民政策，架构起党和群众的交流桥梁。在全心全意服务群众的同时，他也实现了人生的美丽蝶变，让人社工作在小山村里焕发出新的光彩。

甘为“一根针”
——群众的冷脸少了，笑脸多了

胡飞是土生土长的山里人，2006年获得大学文凭后，他很快在上海找到了一份高清数字电视设备安装的工作，每月固定工资就有6000

元左右。2010年初，迎宾村的党总支书记找到他，力劝他回家到村委会上班，充实村“两委”力量。尽管家人强烈反对，但他最终咬咬牙、跺跺脚，对村支书说了一个字：“干！”而这一干就是10年！

到村后，胡飞担任村人社协理员一职。虽有大学文凭，但是农村工作对胡飞来说，还是一张白纸，尤其是人社工作，他更是一位门外汉。胡飞深深感受到，基层人社协理员，更像一根针，要穿起上面“千条线”，必须下足功夫。

迎宾村是宿松县山区乡镇北浴乡的一个贫困村，总人口2439人，适龄的城乡居保参保人口1946人。刚做协理员工作时，乡亲们一听“保险”二字，都躲得远远的，而且乡亲们问的一些政策问题，胡飞不太了解，解释得模棱两可，乡亲们并不满意。

好强的胡飞给自己定下目标，一定要政策一口清、群众问不倒，尽力给群众编织温暖、编织希望。为宣传好城乡居保暨社保扶贫政策，他熬了好多个通宵将政策反复研究，还经常在工作群里请教兄弟村的同行，并专门备了一个小本本，将在工作中遇到的难点问题记录下来，不断在实践中化解。

每年城乡居保征缴时，胡飞走村串户，跟乡亲们拉家常、算长远收益账，鼓励他们长缴费、多缴费，一天下来，口干舌燥。

最难的是有的群众今天思想工作做通了，明天又变卦了。有个叫胡昌友的乡亲，说什么也不愿意交城乡居保，因为以前交了商业保险被骗，所以一听到“保险”两个字就特别抵触。胡飞问清了原委，多次上门拜访，反复阐明城乡居保和商业保险的区别，通过近半年的努力，外出务工的胡昌友终于被胡飞的诚心所感动，一家人高高兴兴地参加了城乡居保。

在胡飞的努力下，迎宾村的城乡居保工作有了大改变。全村符合参保条件人数1946人，参保1913人，参保率为98.3%，处于全乡前列。

乐架“一座桥”
——急群众之所急，想群众之所想

对每一位前来办事的群众，胡飞都热情接待，贴心服务。对于老年人等特殊群体，胡飞更是倾注了耐心和爱心，尽心尽力帮他们排忧解难。2018年8月的一天，村里双目失明的贫困户五保老人胡林东来找胡飞领取养老保险金，却忘记了密码。胡飞一边宽慰老人，一边耐心细致地引导老人回忆设置密码的细节，帮老人找回密码。半个小时

胡飞（右）深入贫困户家宣传养老保险政策

过去了，老人依然没想出来，他一个劲地责备自己没记性。看到这种情况，胡飞决定带老人到银行去修改密码。胡飞平时骑的是摩托车，考虑到山路险阻，而老人家又双目失明、行动不便，他便自己出钱，租了一辆面包车，带老人回家拿上身份证，陪老人一起去银行修改密码、取钱，然后再把老人安全送回家。老人逢人便说："村里的胡伢好，他办事，我放心。"

有个叫蒋明星的贫困户因一直没有办理社保卡，导致养老金无法发放，经多次咨询，原来老人先前的银行存折出问题了，银行需要老人本人前去办理手续，而这个老人又是个聋哑人，六十岁了，他一个人去办肯定不行。胡飞迅速联系银行商讨解决问题的方法，亲自带老人前去银行办理好了相关手续，并顺利地领取到了养老金。

类似例子还有很多很多。只要来村里办理过城乡居保业务的老人，都会称赞他："胡飞这个小伙不错，对我们老人真心好，甚至比自己子女都贴心些。"

系着"一片心"
——静待山花烂漫，唯求无愧于心

迎宾村为深山村，距最近的银行网点都有 7 公里，山里又没有开通公交车，养老金都要到银行去领取，这对缺乏交通工具的群众来说极不方便。为方便群众，胡飞总是定期到乡农商行帮他们代取。2015 年，县人社局在全县开展城乡居保"四个不出村"试点，胡飞听说了这个消息，积极向人社部门争取，在他的努力下，迎宾村在全乡率先启动了"四不出村"工作，使迎宾村的群众比乡内其他村要早受益一年。

2018年，作为国家级贫困县的宿松县脱贫摘帽，迎宾村少数贫困户由于认识不到位，参保意识不强，导致社保扶贫工作开展一度受阻。针对工作中出现的新问题、新情况，胡飞顺势将人社工作和扶贫帮扶工作紧密结合起来，利用空余时间加大入户宣传力度，积极宣传社保扶贫政府代缴政策，使村内贫困户符合参保条件的377人全部参保，并享受政府代缴政策，符合待遇领取条件的173名贫困户都领取了养老保险金，在全乡率先实现了贫困人员城乡居民基本养老保险“应保尽保、应代尽代、应发尽发”的工作目标。

面对过往，胡飞真诚地说：“村民选择我，是信任我，我要为他们多办实事、办好事，城乡居保和社保扶贫工作关系着群众切身利益，我必须要全心全意地做好。”

为幸福加码　为希望启航

——记安徽省太湖县城乡居民养老保险管理中心洪华侨

“干居保工作十年了，真的有感情了！2009年，亿万农民千年梦想，一朝梦圆，全国上下欢呼迎来农保的春天，值得也更需要我们胸怀感恩带着真心投入真情去播种、浇灌、呵护好最广大百姓的利益……”他真诚地说。

从国家首批试点实施新型农村社会养老保险制度开始，他就进入居保岗位。十年来，他秉持“用心做居保，真情为百姓”的工作情怀，坚守“情为民所系，利为民所谋”之初心，践行“老有所养，为幸福加码”之使命。

他，就是安徽省太湖县城乡居民养老保险管理中心副主任洪华侨。

锐意进取　勇为人先

在省市领导和同行心中，洪华侨是一个真正把工作当作事业来做的人。他始终怀着一颗强烈的事业心，抱着对工作高度的责任感，勤奋敬业，锐意进取。

洪华侨多次荣获市、县先进个人和全县首届劳动模范等荣誉称号，他积极主动思考和谋划工作发展，争先进位，推动各项工作在省市处于先进位次。他对待业务精益求精，在思考问题、提出问题、解决问题的能力方面得到省城乡居保中心的充分认可，多次参与省业务和系统研讨。

十年间，从创立全省城乡居保业务档案示范点到全省社保扶贫现场会，从全国社会保险局长座谈会上被赞为“笑得最灿烂的老人”太湖视频片段到全市学习社保扶贫“太湖经验”，从人均缴费由起初的112元提升到2019年的480元……无不凝聚着他的心血和一份对居保工作的真挚情怀与担当。

深入基层　汗洒阡陌

除了上接政策，洪华侨还下接地气。他躬耕前行，汗洒阡陌，深入乡村扶贫夜校、春晚舞台、村组会议等开展政策宣传，帮助百姓算清“存钱养老”和“多缴多得”等情理账，只为增强百姓的养老保险

洪华侨（中）深入贫困户家宣传养老保险政策

意识，为他们将来领养老金多点、再多点！

每年春节前后，除县级正常计划组织安排的“政策宣讲乡村行”活动外，各乡村竞相组织村民会议，邀请洪华侨为百姓宣传讲解政策，有时日夜兼程，一日几场……2019 年受邀为全市业务人员进行政策宣传培训，至情至理的讲解得到了百姓的交口称赞。

他坚持因人因家庭经济条件而异，用大力宣传和引导高档缴费推动养老保险意识和对政策的认识、理解、知晓、满意度的提高。“我们就算受点委屈和不理解，也要做到问心无愧，只为百姓老来不后悔！”每年他都激励、勉励着乡村两级基层社保协理员，要充分认识和发挥“城乡居保”是干好一切群众工作“引线器”的作用，因为居保联系千家万户，关乎每一位百姓利益！

他动员贫困人口在脱贫道路上要不忘将来养老问题：“现在虽然贫困，国家予以帮扶和保险费代缴，打零工哪怕拾破烂还能维持生计，但将来老了咋办？所以要尽量克服困难，节省一点，为自己多缴存一份养老钱……”

2019 年，全县社保扶贫代缴人员中，55.68% 的人员选择了个人自行再缴费。

利民之事　丝发必兴

在落实社保扶贫工作中，他增强政治站位，突出扶贫担当，在“准”字上出招，认真落实信息核实工作，主动解决人户分离等难题，实现了建档立卡贫困人口“应保尽保、应代尽代、应发尽发”的工作目标和要求，并组织力量入户核验，建立了以户为单位的社保扶贫精准台账，家庭成员代缴是否到位、代缴金额、不符合参保代缴的原因等一目了然，为全市乃至全省社保扶贫工作树立了样板。

“民生在勤，勤则不匮！利民之事，丝发必兴！只要我们真心真情地把老百姓的利益放在首位，工作就会永不懈怠，激情也就永不消退！”“永远在路上”是洪华侨的微信名也是座右铭，心中只为做好农保永恒春天的播种者，让养老之花在城乡大地次第绽放。

牢记初心　忘我投入

——记福建省宁德市福鼎市城乡居保中心李思志

1999年，和大部分三十出头的年轻人一样，从部队复退的李思志，满怀憧憬地前往福鼎市农村社会养老保险中心报到，也许当时他并未想过，这一工作将就此伴随他20余年。

20多年来，从老农保到新农保再到城乡居保，李思志始终秉持为人民服务的初心，从未有半点改变。唯一让这位资深老兵有所改变的，只是日益繁重的工作已使当初的满头青丝尽成白发。

善于思考　精通业务

李思志政治觉悟高，理想信念坚定，善于思考解决工作中的困难和问题。2017年7月，宁德市率先在全省开展社保扶贫工作，熟悉政策、精通业务的李思志，第一时间扑在工作上，认真贯彻落实上级社保扶贫工作部署，牵头草拟相关政策文件，主动联系扶贫、民政等部门建立常态联席机制，配合做好扶贫基础信息、参保信息的比对更新，始终站在最前线指导布置各项参保组织工作。

面对扶贫工作开展过程中出现的人员身份信息不全、在外务工、外地户籍婚嫁、精神疾病、卧床不起及不愿参保等难题，李思志及时上报主管局领导并提出解决思路，制定相关措施给予解决。他要求中心工作人员每星期搜集贫困人员参保情况，并根据提供的材料，分析未保原因，主动查找、联系未保人员，进村入户核实信息，耐心细致宣传政策，动员参保。

爱心 + 热心　耐心 + 细心

李思志热爱城乡居保事业，具有强烈的事业心和责任感。他常说："我们不但要有为人民服务的爱心和热心，还要有耐心和细心。"

李思志是这样说的，也是这样做的。福鼎市有 37 位长期被精神病

李思志下村慰问贫困户

院收治的贫困人员，无亲属认领，身份信息不全，沟通存在障碍，李思志多次找精神病院领导协调，调取贫困人员原始病历档案，与户口所在村、社区核实身份后，为其办理参保，确保这些贫困人员能正常享受社保扶贫政策。

在李思志带领下，福鼎市城乡居保中心全体干部职工尽职履责、攻坚克难，在社保扶贫工作中取得显著成效。

至2019年底，全市比对排查无需参保人员3757人，核实组织参加居保的14818名贫困人员中，已全部完成应代缴8081人，代缴金额161.62万元，核定享受养老金待遇6735人，实现应保尽保、应发尽发、应代缴尽代缴，得到省、市上级部门的充分肯定。

李思志肠胃不好，且有高血压。多年来，他没有休过年假，经常加班加点，精益求精、忘我投入的工作态度，使他多次出色完成了各项工作任务，被评为福建省居保工作先进个人，多次获评福鼎市先进个人。正是有许多像李思志这样默默无闻、甘于奉献的工作者，才使城乡居保事业不断迈上新台阶。

莫道君行早

——记江西省兴国县城乡居民社会养老保险管理局钟小华

江西省兴国县是全国著名的苏区模范县、红军县、烈士县、将军县。苏区时期，全县23万人口，参军参战的就达9.3万余人，为国捐躯的达5万多人，全县有姓名可考的烈士达23179名，几乎每一位兴国儿女都是烈士的后代，钟小华就是其中的一位。

钟小华是政协委员，建言献策勤履职；是"大村长"，脱贫攻坚敢担当；是农保局局长，落实政策能创新。钟小华干一行爱一行，三句不离本行，她背着娃娃去扶贫，工作照样能创新，她跑部门促协调，提升服务为人民。年年岁岁花相似，不同的时空，不同的战场，相同的是她那颗坚如磐石的初心和对工作执着追求的情怀。

主动担当，敢于探索
实现贫困群众政府代缴城乡居保费"高标准"

虔城四月芳菲翠，感恩奋进歌如潮。

钟小华干一行爱一行，不管干哪一行，都能找到工作的契合点，整合资源，多方联动。她认为不管是政协委员、“大村长”还是农保局局长，都要有舍我其谁的责任担当、满怀豪情的工作热情、强烈深沉的社会责任感，听民声、察民情，接地气、聚人气，知上情、晓下情。

钟小华经常利用多重身份的优势，积极参加各类活动，深入基层，深入群众，踏遍千山万水搞调研，道尽千言万语做宣传。在履职政协委员时，她不会忘记传达社保文件精神、召开社保扶贫专题座谈会；当“大村长”走村入户开屋场会时，她不会忘记关心贫困户的参保和待遇领取情况，做好社保扶贫问卷调查，宣传社保扶贫政策。

2016 年，政府出台了相关社保扶贫政策，钟小华结合社保扶贫工作实际，为符合参保条件的建档立卡贫困人员中的五保户、低保户，

钟小华（左一）带着孩子下村扶贫

由县财政按100元/人·年的标准为其代缴城乡居保费，代缴人数为22050人，共计220.5万元。

2020年度，当地为各类群体代缴城乡居民基本养老保险费72297人，代缴资金780.03万元，确保了社保扶贫“应代缴尽代缴”。

高位推进，精准识别
实现贫困群众城乡居保待遇应发尽发“全覆盖”

2018年6月，鹭溪村“大村长”钟小华在兴国县社富乡鹭溪村南坑组的建档立卡贫困户陈德瑶家中走访时，了解到陈德瑶1958年9月生，按年龄2018年10月就能领取养老金。可他除了政府代缴以外自己没有缴纳过参保费，按当时的规定，他必须补齐参保费才能如期领取养老金。

可当时不管怎么说，陈德瑶就是不能理解，总认为只要缴了参保费，不管是政府代缴还是自己缴只要缴了就可以领取。钟小华通过多次宣传引导，终于让他从不理解到理解再到主动补齐参保费，最终如期领取到养老金。

通过这件事情，钟小华意识到一个新的问题：像陈德瑶这种情况不是个案，肯定还有贫困户因为未参保或断了缴费年限导致不能及时领取养老金的情况。为此，她及时召开了局班子会，要求业务人员通过系统大数据比对和乡镇摸排核准数据。通过精准识别后，核出全县建档立卡贫困人员中有180人因没有钱参保或断缴保费没能及时领取到养老金。

按照当时的规定，基金里是不可以补发这笔钱的，怎么办？钟小华鼓足勇气带上名单向分管社保工作的县委常委、县政府常务副县长邹焕铁请示汇报。得知情况后，县领导果断作出决定：由县财政负担在基金外为这些贫困人员补齐未及时领取的基础养老金。

截至 2018 年底，该县共补发贫困人员基础养老金 30.43 万元。恰逢 2018 年 12 月底江西人社厅下发了《关于加快实现贫困人员城乡居民基本养老保险应保尽保的通知》，对年满 60 周岁、未领取国家规定的基本养老保险待遇的建档立卡贫困人员按要求全部纳入城乡居民基本养老保险制度，并按月发放城乡居民基本养老保险待遇，现已享受该政策的参保人员有 319 人。

背着娃娃，走村串户
实现脱贫攻坚和哺育小孩“两不误”

“向贫困宣战，向小康迈进，让鹭溪村人民群众过上好日子！”2018 年 4 月，时任县农保局局长的钟小华又被任命为社富乡鹭溪村“大村长”。但作为正在哺乳期的高龄二胎妈妈，孩子生下来就不吃奶粉，自己又时常奋战在脱贫攻坚最前线，经常早出晚归，把娃留在家里要挨饿，把娃带着风吹日晒，大人小孩都辛苦，真是太艰难了。

通过多次和家人商量，考虑再三，最后觉得“娃也是鹭溪村的娃，喂奶也不能耽搁脱贫攻坚”，于是钟小华以村为家，把孩子也带来了，村民常常见到背着娃娃去串门的“大村长”。

鹭溪村贫困户共有 109 户贫困户 433 人，就这样钟小华背着娃娃走遍了鹭溪村每个村组、每户贫困户。

有的村民见她一边带孩子一边工作太辛苦了，劝她回家休息两天，她却说：“娃在家里在村里都是带，耽搁脱贫攻坚可是大事。”

钟小华经常带着娃白天走访贫困户，收集社情民意，晚上在村委会同第一书记和村“两委”干部分析研究，精准帮扶、精准施策，一天下来，尽管已经筋疲力尽，但哄娃睡后，还要点开手机来处理单位上传来的文件和日常工作。日复一日，不知道从什么时候开始，银丝已经爬上了她的鬓角。

钟小华经常说：“要脱贫致富，不但要推荐就业，还要大力发展特色产业，激发贫困户自身发展潜能。”2019 年，全村扶持了 61 户贫困户发展产业，产业主要以养鸭、养牛、鱼塘养殖、熟菜种植为主，发放产业直补资金 12.487 万元，产业覆盖率达到 56%，争取发放信贷资金 285 万元，扶持了 50 户贫困户发展产业脱贫。

鹭溪村在“大村长”的带领下，紧紧围绕“两不愁三保障”，以改善村容村貌为抓手，以发展产业为依托，以提升群众的获得感和满意度为着力点，高质量推进脱贫攻坚，到 2020 年 4 月，全村实现了高质量脱贫。

主动作为，无缝对接 实现社保扶贫工作“零障碍”

“推进社保扶贫工作创新是有难度的，要扫除社保扶贫路上的一切障碍更难，但痛并快乐着。”钟小华经常这样说。

社保扶贫工作涉及千家万户，城乡巷陌。在长期深入乡村抓工作调研和扶贫实践中，钟小华结合实际，大胆提出工作新思路、新举措，清除障碍。

以大数据实现动态管理，利用大数据管理社保扶贫对象。她通过系统导出贫困户参保数据，与扶贫、公安、教育等部门进行数据比对，从而摸清底数，精准识别增减的贫困户，实行动态管理，同时把名单分发至各乡镇劳保所或村级金融便民服务点进行核实、公示，做到“不错一人，不漏一人”。

提升服务水平，发挥便民服务点效能。她围绕运行好和服务优的目标，努力提升村级便民服务点服务管理水平，发挥村级便民服务点效能，打通服务群众“最后一公里”，真正做到了城乡居民养老保险群众参保、缴费、领取、查询“四个不出村”。

俯首甘为孺子牛　奋力前行在路上

——记山东省安丘市社保中心马仪

他年逾半百，自参加工作以来，一直在基层从事着居民基本养老保险工作，27 年来，居民养老保险工作是他至今唯一从事过的工作。

他业务精湛，能力突出，恪尽职守，兢兢业业，始终坚持为群众谋福利，情为民所系，利为民所谋。

他，就是山东省安丘市社保中心居民养老保险科科长马仪。

信念坚定　思想进步

马仪立场坚定，思想进步，在思想行动上始终与党中央保持一致，多次被评为优秀共产党员。

他自参加工作以来，一直在基层从事着居民基本养老保险工作，曾经的小马，变成了如今的老马，唯一未变的是他对居民养老保险工作的热爱。

精通业务　水平高超

他认真好学，具有强烈的事业心和责任感，精通居民养老保险政策。由于业务能力突出，曾被民政部邀请去参与了最早的农村社会养老保险计算机信息管理系统开发工作；曾受山东省人社厅委托，负责为全省各县市区的农村社会养老保险管理系统进行维护升级工作；曾受潍坊市社保中心委托，指导潍坊市居民养老保险信息系统业务工作。

2019 年，受潍坊市社保中心委托，协助潍坊市社保中心进行老农保清零工作，主持开发了老农保数据迁移系统，使潍坊市得以顺利完成老农保清零工作。这些工作都得到了部、省、市各级领导的肯定。

马仪（左一）深入贫困群众家中宣传养老保险政策

尽职尽责　积极作为

居民基本养老保险制度对全面消除贫困人口起着举足轻重的作用，可居民养老保险参保人员的数量庞大、情况复杂，而经办人员力量不足的问题普遍存在。

马仪在困难面前，不等不靠，走村到户，并积极联系民政、残联、扶贫办，通过各种渠道，获取贫困人口数据，加班加点进行数据比对，对应当予以补助的贫困人员一个不漏地代缴保费，对符合国家要求享受待遇的，及时为其办理待遇领取手续，将党和国家的好政策落实到每一位贫困人员。不但有效解决了贫困人员的生活困难，更为党和国家树立起了伟大的形象。

用真心、真情、真干
帮助贫困户“应保尽保”

——记山东省淄博市淄川区社会保险服务中心国玉香

坚决打赢脱贫攻坚战，确保到2020年所有贫困地区和贫困人口同全国一道迈入全面小康社会，这是以习近平同志为核心的党中央对全国人民的庄严承诺。国玉香同志是淄川区社会保险服务中心居民科科长，作为人社干部扶贫路上的一员，她积极响应党和国家号召，投身于脱贫攻坚一线，以满腔的热情、高度的责任心，用实际行动当好居民养老扶贫政策的“宣传员”、社保经办的“联络员”和心系贫困户的“服务员”，为脱贫攻坚工作作出了应有贡献。

尽心访民情，做扶贫政策的宣传员

脱贫攻坚战打响后，如何让贫困户了解相关居民养老保险政策、尽可能让贫困人员享受政策红利是国玉香一直挂念的事情。让贫困人员参保，首先要让他们明白政策，提高参保意识。他通过广泛宣传城乡居民养老保险扶贫政策，引导符合条件的贫困人员积极参保登记，做到城乡居民养老保险应保尽保。目前全区的贫困户大多都是居住在偏远山区，每次到山区进行居民保险政策宣讲，科室中年龄最大的国玉香总是第一个报名。她说：“我是居民养老保险老业务人，在乡镇工作近 20 年，和贫困户打交道我最擅长。给贫困户讲政策，就要站在百姓角度给他们算细账。”正值寒冬时节，山路蜿蜒，国玉香冒着严寒到东部山区进行宣讲。她克服困难，步行十余里地来到最偏远的西河镇东庄村，在贫困户孙德文家中，通过唠家常的方式向他们宣讲政策，对于他们提出的疑问逐一解答。孙德文高兴地说：“没想到腊月天还到家里来宣传，党的养老政策这么好，我们全家都享受到了实惠。”

为贫困人员进行政策宣传，国玉香已记不清楚走了多少个村落，进了多少贫困户家门。她和同事们一起，时刻为推动百姓参加城乡居民养老保险不懈努力。2020 年上半年全区贫困人员享受政府代缴养老保险政策已达 2.48 万人次。

用心干实事，做扶贫经办的联络员

作为一名居民养老保险窗口服务人员，国玉香立足岗位、敬业奉献，积极践行“经办至上、服务为民”的初心，让群众的获得感、幸福感和安全感更加充实、更有保障、更可持续。

洪山镇东省村村民刘长芬，因患病导致重度残疾。国玉香得知情况后，第一时间主动送政策上门，告诉她重度残疾对象每年可以享受政府代缴养老保险费 100 元，还可申请 55 周岁开始领取省里发放的养老待遇。在查看了她的残疾证和户口簿后，国玉香立即为其办理了待遇登记手续。这样从 2018 年 2 月起年满 55 周岁的刘长芬顺利领取到每月 135.17 元的养老金。老人直夸党的政策好。

2020 年初，国玉香发现部分重度残疾人因系统问题个人缴纳的保险费输入不了系统。2019 年 12 月底，全区困难群体政府代缴养老保险工作已完成，但征缴期延长至 2020 年 2 月底，于是出现重度残疾人于 2020 年 1 月 1 日后个人缴纳的保险费回传不了人社系统的问题。这类特殊人群的参保问题怎样解决，成为国玉香的心事。她积极向领导汇报，及时与上级业务部门对接。在上级业务部门的支持和协调下，与地纬公司的技术人员取得联系。当时正处在疫情期间，但国玉香把个人安危置之度外，积极配合地纬公司技术人员对系统进行调整。经过不懈努力，最终 32 名重度残疾人员的个人缴费问题成功解决。

2020 年 6 月，天气炎热，罗村镇的仇先生来到服务窗口咨询其母亲养老问题。国玉香热情接待，通过对话了解到仇先生母亲已年满 60 周岁，一直未参加养老保险，仇先生听到人社政策宣传后，抱着试试

国玉香（右）正在为贫困群众解释养老保险政策

看的想法进行咨询，想为母亲办理居民养老保险。以前，办理参保需要提供当事人身份证、户口簿等，但仇先生只携带了身份证，缺少户籍关键信息。国玉香了解情况后利用省共享信息平台中的公安信息查询到其母亲户籍，通过数据比对确认后为其办理参保登记和保险费补缴申报手续。这样，简化办事流程，仇先生就不用往返补交手续，其母亲从下个月起就能领取到养老金。

这样贴心为百姓服务的事情，在国玉香经办的服务中还有很多。曾在日照市参保的吕少侠，因婚嫁户籍转到淄川区太河镇东坡村。疫情期间，国玉香积极通过网上查询，及时掌握参保人信息，并电话告知参保人所需材料。不见面服务，为参保群众成功办理养老保险关系转移手续。

甘心讲奉献，做心系贫困户的服务员

"精准扶贫，就是要让贫困户早日脱贫。"自从投入到扶贫工作中，国玉香时时刻刻牢记着自己的责任和使命。精准扶贫，关键在于精准。国玉香的任务就是全面核实核准扶贫办的基础数据，对符合参保条件的贫困人员是否参保，是否已自行缴费的情况摸清、摸透、摸准，发现应保未保人员立刻纳入保障范围。

"工作任务明确后，自己心里也直打鼓：几天时间用系统来排查，工作量太大怎么办?"国玉香暗暗担心。淄川区有建档立卡贫困人员41282人，重度残疾对象9397人，低保及"三无"人员9091人。为做到识别精准、信息数据精准，只有拼时间，才能完成任务。面对庞杂的数据世界，国玉香同志一坐就是一整天，连续几日通宵达旦放弃休息。通过与相关部门数据对接，动态掌握本区贫困人员基本情况，精准定位社保扶贫工作对象和重点人群。充分利用人社信息系统比对，对符合城乡居民养老保险代缴条件的重度残疾人、低保对象及建档立卡贫困人员等困难群体名单进行逐一甄别核实。经过辛勤工作，最后确定符合城乡居民养老保险代缴条件的2946名重度残疾人、1837名低保对象和5359名贫困人员，代缴金额为101.42万元，让群众真切享受到人社政策“红利”。

“苦点累点没有啥，我是共产党员，这是我应尽的职责。”国玉香说。正是由于她和同事们的不懈努力，使居民养老保险的优惠政策落地生根，带给更多贫困群众温暖。太河镇小口头村地处淄川东部山区，山路崎岖不平，为了让全区一百余名贫困人员及时了解城乡居民养老保险优惠政策，国玉香步行来到村里，详细给他们讲解城乡居民养老保险优惠政策，让他们知道不用缴纳城乡居民养老保险费，每月也能领到118元的养老金。当孙希永老两口等一百多名贫困老人领取到养老金时，个个都夸共产党的政策暖人心。

一滴水可以折射出太阳的光辉，一粒沙同样可以凝聚成塔底的基石。国玉香同志敬业奉献的精神和工作业绩得到社保服务中心和建档立卡贫困户的一致好评。关山初度路犹长，脱贫攻坚已进入关键阶段，国玉香同志将继续以“战斗者”的姿态肩负起责任，担当起使命，以实际表现诠释着人社系统党员干部的本色与风采！

精准服务无止境　奋进作为正当时

——记河南省汤阴县人社局

河南省汤阴县地处豫北平原、太行山东麓，是联合国地名专家组命名的“中国地名文化遗产——千年古县”。近年来，汤阴县不断探索精准扶贫之路，大力推行“职能下沉、服务提升”，创新服务举措、拓宽服务渠道、优化服务方式，以多样化宣传为抓手，精准数据台账为支撑，人性化服务为载体，前瞻性规划、高标准要求为准则，多措并举，确保建档立卡贫困人口参加城乡居民社会养老保险“应享尽享、应保尽保”。

多样化宣传——确保政策宣传“无死角”

任固镇是汤阴县最东边的一个乡镇，距离县城近40公里。

六点钟一下班，汤阴县人社局城乡居民养老保险服务中心的工作人员一班人就在中心主任王鹏展的带领下，驱车前往任固镇蔡顾城村村委会。

在村委会会议室中已经坐满了前来听课的村民，王鹏展为群众讲解了县人社局的各项帮扶贫困人员的惠民政策，还讲解了社保卡有关知识。他说：“群众需要的，就是我们该做的，把政策讲给每个需要的人，服务好每一个参保群众，在政策落实的时候，做到一个不少，每个都好，是我们的工作原则。”

为帮助贫困人员算好对比账，努力提高贫困人员对政策的理解度和知晓率，引导他们自觉参保续保，汤阴县人社局持续开展“惠民政策进万家”活动，要求全局班子成员带队，各股室、各经办机构全员参与，298个村全覆盖，组建十个小分队，利用村里开展“农民夜校”的时间，走村入户宣传城乡居民基本养老保险和社保扶贫等相关惠民政策。

定制化对比——确保数据台账“零差错”

城乡居民养老保险参保基数大，数据筛选困难，按照传统方式开展数据对比任务重、效率低。对此，汤阴县人社局充分挖掘资源，协调计算机专业人员根据需求准确分析，定制开发了一款excel数据对比软件，解决了数据对比难的问题，大大提高了社保数据对比工作的效率，为社保扶贫工作提供了技术支撑。

为准确掌握贫困人口参保情况、夯实行业扶贫数据基础，汤阴县人社局建立“参保情况月调度”工作机制，安排专人按月更新数据台账。

当地以县扶贫办精准扶贫数据平台数据为依据，以定制化对比数据为依托，将全县贫困人口按年龄、按类别进行分类管理。以村为单位，建立贫困人口参加城乡居民养老保险工作台账，形成县、乡、村三级“数据台账一体化、人员情况明细化”工作机制，夯实了工作基础。同时，按月更新数据结构、统计整理新参保人员情况，及时掌握最新动态，确保数据台账能够准确地反映实际参保情况。

最大化标准——确保政府代缴“全覆盖”

为让贫困人员享受应保尽保政策，汤阴县人社局在对困难群体保留每人每年100元缴费标准的基础上，早动手、早谋划，积极向县政府汇报贫困人口代缴方案，争取县财政代缴补助资金，自2018年元月起，全面落实了适龄贫困人口代缴政策。

为确保全县建档立卡贫困人口都能享受到这项政策，在落实代缴保费政策时，汤阴县人社局按照覆盖范围最大化的标准，在确定政府代缴保费人员名单时，凡是建档立卡的贫困人口全部纳入政府代缴范围，确保保费代缴人员“应纳尽纳”。2020年上半年，汤阴县全县参加城乡居民养老保险的群众共29万人，其中贫困人口8534人，60周岁以上贫困人口2860人，已全部享受养老保险待遇，16—59周岁贫困人口5674人，已全部参保并落实代缴政策。

人性化服务——确保待遇领取“快精准”

在汤阴县人社局城乡居民养老保险服务中心工作人员郝圆圆的桌子上放着一本厚厚的手写的记录本，上面记录着她将全县十个乡镇的参保人口数据与扶贫办贫困人口数据对比的情况。借助比对软件对参保数据进行比对，十个乡镇相互比对数据，比对上百次才能得到准确无误的数据结果，为确保参保人数不漏不重，她就一边比对一边在本子上记录每次的比对情况。她常说，“好记性不如烂笔头”，常年积累下来，光手写的本子就积累了几十本。为落实贫困户参保，她电话联系过每一个贫困户，说起贫困户的具体情况，她了如指掌。

这只是汤阴县人社部门广大干部为助力精准脱贫工作凝心聚力的一个缩影。

群众利益无小事，在为群众服务环节，汤阴县人社局想方法、讲策略，始终将人性化、精细化的服务体现在贫困人口工作的方方面面。在扶贫工作中发现问题、解决问题，在解决问题中找经验、创新工作思路。一是以贫困人口档案管理为依托，夯实工作基础。汤阴县

河南省汤阴县人社部门干部深入老年贫困户家中走访调研

人社局不断加强与民政局、卫健委、扶贫办、残联等部门的联系，建立沟通协作机制，强化部门数据共享和信息互通，实行动态管理，及时、准确甄别了代缴对象。二是以数据台账为基础，建立贫困人口“到龄提醒机制”。安排专人在建档立卡贫困人口到龄前一个月，提前逐户逐人通知其及时办理待遇申请手续，确保通知到位，并密切关注建档立卡贫困人口的待遇申请情况，及时办理待遇初、复审手续，并在养老保险存折开户成功后，安排专人将存折送至贫困人口手中。三是以精准服务为载体，重点解决“疑难杂症”。县经办机构在对贫困家庭中60周岁以上未享受养老保险待遇的人员和重度残疾人员摸排贫困人口情况时，发现五陵镇南小章村张自芝因为户口不在本地、异地参保到龄后无法领取本地养老保险待遇。因其本人无法回原户籍地办理户口转移手续，县经办机构高度重视并进行认真研讨，帮助其联系原参保地派出所解决户籍问题，最终让参保人顺利参保并办理了领取待遇相关手续。

前瞻性布局——
确保基金管理“高效能”

丁零零……“您好，我参加了灵活就业养老保险，缴纳村里的这个保险费有冲突吗？”“您好，你可选择任意一种保险缴纳，到龄后可合并账户选择一种险种领取待遇。”电话刚挂，铃声又响起来……县人社局城乡居民养老保险经办服务窗口的工作人员曾凡辉面带微笑，正在用略带沙哑的嗓音耐心回答着群众的来电咨询。

这是城乡居民养老保险经办窗口的一个场景。2020年，汤阴县人社局配合税务部门新推出手机缴费服务，群众借助微信平台缴纳养老保险费，同时县城乡居民养老保险服务中心在十个乡镇轮流开展政策培训会，提高了乡镇及村级协管员业务经办能力，在县、乡、村三级经办机构提供电话查询个人账户、热线答疑解惑等服务，让经办服务越来越有“温度”。

为提升人社公共服务水平，自2012年城乡居民社会养老保险工作启动时，汤阴县人社局创新举措，率先作为，在城乡居民养老保险领域引进掌静脉识别系统，通过软件采集第一手参保数据，并同时采集五年内到龄人员掌静脉信息，确保了参保数据的准确性。

在把好基金出口关的同时，当地重点稽核基金重复领取信息，利用中心工作人员自制比对软件，将企业、机关事业、民政数据进行比对，对疑似重复领取人员进行分析，严防基金跑、冒、滴、漏。另外，城乡居民社会养老保险工作伊始就注重基金防控风险的管理，不断健全工作制度，完善工作流程，加强内部风险管控，自制基金支付凭证单，层层管理，对内部经办风险防患于未然。前瞻性的布局和思考、精准的数据管理，为全县城乡居民社会养老保险工作赢得了群众的好口碑。

能谋善断勇担当　身先士卒不畏难

——记湖北省松滋市城乡居保局佘小明

佘小明是湖北省松滋市城乡居保局局长，他对党忠诚，对城乡居保事业始终保持满腔热情，在他的带领下，松滋市“社保扶贫”全面实现“应保尽保、应发尽发”。

能谋善断勇担当

“佘局长，现在社保扶贫政策好，可我们村里还有几个贫困户前几年断缴，今年代缴后他们能不能享受待遇?”面对来自基层干部的疑问，佘小明果断回答：“请你们放心，问题一定会妥善解决。”

事实上这个问题早已摆上了佘小明的案头，政策实施前缴费年限缺失的到龄精准扶贫对象在松滋市还有 490 人，“要确保贫困人口待遇发放率 100%，这个问题必须前置解决，我来协调，出了问题我担着”。

就这样，松滋市在省厅提出相关要求前，就为 490 名超过 60 周岁未享受居保待遇的贫困人员代缴所缺年限保费 12.24 万元，实现代缴率、发放率两个 100%。

身先士卒不畏难

松滋市贫困户邹时新家里稻谷丰收了，为提高其经济收入，作为他的帮扶人，佘小明给他出主意："你把多余稻子打成米，我来帮你卖。"就这样，局长朋友圈里推销的2000斤大米不到1个小时就销售一空。邹时新家里重要的收入来源是6头生猪，眼看因病死亡了4头，佘小明又及时请了畜牧专家帮他进行疾病防控。

如今，邹时新逢人就夸："佘局长每星期都来看我，今年要不是他帮我卖米、保猪子、送电器，这个年我都不晓得怎么过。"

佘小明（右一）深入基层宣传养老保险扶贫政策

创新思维肯专研

近年来，松滋市居保局构建了“市、镇、村”三级社保扶贫网络平台，建立了社保扶贫工作衔接协调机制；2019 年在征收职能划转工作中开创实施“四员工作法”，对“精准扶贫代缴”“重残代缴”等重难点工作，提出切实有效解决方案，使松滋市征保工作在荆州名列前茅。

佘小明同志更是通过进村居、访农户，积极开展调研，撰写《关于对建立我省城乡居保待遇确定和基础养老金正常调整机制有关建议的调研报告》《松滋市“社保扶贫”工作的解析和思考》等调研报告，为上级决策提供第一手材料，其中关于待遇确定和调整机制的报告获得省厅 2018 年“两个机制”调研报告“优秀奖”。

“精准施策”助力脱贫 社保扶贫不落一人

——记湖北省随县城乡居民社会养老保险局

湖北省随县城乡居民社会养老保险局在社保扶贫工作中采取“三化”工作法，精心谋划，精准施策，精细落实，暖心服务，助力社保扶贫全覆盖。

方法科学化——
五步工作法精准锁定提高效率

为解决贫困人员信息在数据传递、汇总过程中与城乡居保业务系统信息不匹配的问题，随县城乡居保局总结出“筛选、比对、核实、落实资金、代缴记账”五步工作法，对在校学生、现役军人、外出务工人员等三类未参保人员，以及失踪失联或死亡、无户籍信息、无二代身份证或身份证信息有误、无行为能力等未享受待遇人员进行比对、筛选，过滤无效信息，精准锁定人员名单，提高工作效率。

2019 年，经过对全县 72090 名建档立卡贫困人口采取九个批次的对比和甄别，确定符合政府代缴条件人员 11488 人，代缴养老保险费 114.88 万元，60 岁以上应领取养老待遇贫困人员 25120 人，足额发放养老金 3290.53 万元，做到贫困人口参保、发放不漏一户，不落一人。

随县城乡居保局精准扶贫送技术下乡

工作精细化——
围绕重点难点保障贫困人员权益

通过数据比对，2019年，随县60岁以上25120名建档立卡贫困人口中，有40多名贫困对象由于长期失联、未完成缴费、无户籍、智力障碍等原因未领取养老金。

当地将其作为社保扶贫工作的重点难点，多次召开协调会，集思广益，建立台账，逐一落实，确保将这类群体“纳进来、保起来”。

通过一次次坚持，一次次努力，让每一位贫困人员及时享受应有的权益。

服务暖心化——把办事大厅搬到群众身边

针对社保扶贫对象大多居住偏远、年龄偏大、身体行动不便的特点，随县社保局制定“一对一”个性化的工作方案，提供服务贴心、办事省心、群众放心的社保服务。

随县先后组织50个工作专班，挨家挨户上门走访，摸清找准相关信息，解决社保扶贫“死角”问题。

针对行动不便的贫困对象，当地积极协调合作银行携带移动终端到村上门服务，把办事大厅搬到群众身边，帮助年老体弱、智力障碍、长期失联的贫困户不出村就能办理参保登记、待遇申报、社保卡领取等业务，省时省心省力。

通过努力全县先后将200多名困难群众及时纳入参保范围，确保实现随县贫困参保人员应保尽保、养老待遇应享尽享的目标。

脚沾泥土香　走进群众心

——记湖南省平江县人社局彭有根

在湘、鄂、赣三省交界，有一块红色热土，孕育着一名对党忠诚、热爱城乡居保事业、具有强烈事业心和责任心的干部。

他本是机关干部，却经常走村入户。为宣传社保政策和进行生存认证，近3年至少有一半时间奔波于全县24个乡镇，海拔1000多米的村庄多次留下他的足迹，一身汗水一身泥，他始终无怨无悔。

他爱岗敬业，真抓实干，倾注全部心血于社保扶贫事业，多次被评为“优秀共产党员”、市县先进工作者，多次立功受奖，受到人民群众的广泛赞誉，被称为“人民群众的贴心人”。而他从未给自己谋过私利，工作多年，在县城仍买不起房子的他，每天从乡下骑行20多公里去上班，风雨无阻。

他，就是湖南省平江县人社局社保中心副主任彭有根。

水有源，树有根，他以共产党员的初心使命投入社保扶贫事业，成为贫困群众的“贴心人”

2017 年社保扶贫 36620 人，为贫困户代缴金额 396.2 万元；

2018 年全县 25733 人，代缴金额 257.33 万元；

2019 年全县 5170 人，代缴金额 51.7 万元。

……

3 年来，平江县共为 70523 户贫困户代缴养老保险基金 705.23 万元。这些数字的背后，向群众传递的是党和政府的殷殷关切。

在社保扶贫过程中，如何让平江社保扶贫一个都不少？如何让老百姓享受到应有的福祉？彭有根力求扶贫精准到位，他积极与县扶贫办对接，不分日夜进行数据比对，认真做好各类困难群体身份标识，从 14 万多名建档立卡贫困人员中筛选出 1 万多名符合条件的人员，全面准确地了解和掌握全县可享受代缴政策的人员情况，并根据实际情况制定了《城乡居民养老保险扶贫工作实施方案》。

社保扶贫工作纷繁复杂，其中要经历搜集资料、核实身份、信息变更、数据录入、财务到账等 5 道工序，为完善程序，他多次下到贫困村，把联系村定在海拔 1000 多米的虹桥镇天岳关村，尽管该村离县城 80 多公里，但他经常进村入户，近 2 年就下村 24 次。社保扶贫工作促使全县脱贫攻坚工作整体推进，通过国务院验收，平江县顺利实现了整体脱贫。

讲忠诚，讲奉献，他以人社干部的担当作为服务老区群众，成为远近闻名的“老黄牛”

为宣传社保政策和进行生存认证，彭有根近3年至少有一半时间奔波于全县24个乡镇，走村入户进行宣传。遇到讲不通的、对政策理解有误差的群众，他总是耐心地一遍又一遍地讲解，直到群众都领会为止。对于前来窗口办理业务的群众，他总是竭力提供最优质的服务，“一张笑脸、一杯热茶、一条板凳”。

彭有根热爱人社事业，忠于职守，勤勉尽责，精通业务，受到人民群众的广泛赞誉，被称为“人民群众的贴心人”。他从未给自己谋过私利，工作多年在县城也买不起房子。他家庭负担重，一家6口，父母年老，妻子没有工作，2个小孩，他经常从三市镇乡下骑行20多公里上班，风雨无阻。

对于这些，他毫无怨言，而是尽心竭力为群众提供优质服务。谈及初心，他总是回忆起2013年的一件事情。当年5月初，他和同事一起去加义镇进行生存认证，走访到林书娥家里时，70多岁的老人“扑通”一声跪倒在他面前，拉着他的手，老泪纵横地对他说：“感谢共产党！感谢政府！每个月发给我养老金，真正比我崽女还好！”

此事在彭有根心中刻下深深的烙印，他表示，为了群众的期盼，他要为挚爱的这片热土奉献终生。

躬身耕耘　不问收获

——记广东省肇庆市封开县城乡居民养老保险办公室符小艺

符小艺同志是广东省肇庆市封开县城乡居民养老保险办公室工作人员，十多年来，她在工作上兢兢业业，扎实做好城乡居民养老保险的参保缴费和待遇发放工作。2019 年封开县参保缴费人员约 7 万人次，待遇发放约 82.2 万人次，其中符合参保条件的建档立卡贫困户已全部 100% 参保。

完成指标有“力度”

符小艺积极做好县扶贫办、县民政局、县残联、银行等部门协调工作，达成信息资源共享，确保建档立卡贫困人员 100% 参保。她建立每月的联动实时台账，凡符合条件的扶贫对象马上制表移交银行，并督促其完成开户手续，核实名单后统一在省系统上为其代缴，并将个人账户专用存折发放给贫困人员；对于不符合参保条件名单，经过再三确认无误后上报县人社局，实现不漏一人、不多一人。符小艺同志工作认真负责、到点到位，使该县历年来按时按质完成了上级交给的工作任务，得到有关部门和上级领导的好评。

为民解忧有“温度”

符小艺及早谋划，提前建立相关台账并逐月落实，对当月满 16 周岁人员，及时为其参保代缴；对当月满 60 周岁人员，想方设法为参保人办理申领待遇手续。她解群众之所难，帮群众之所需，对“应领未领”扶贫户尤其是普遍年龄大、行动不便的五保户，积极与相关部门协商，由县社保局、当地镇府、村社（居）、帮扶单位和银行组成联合工作组，提供上门服务，确保“应领未领”建档立卡贫困人员享受城乡居民养老待遇。

符小艺（左）到贫困人员家中了解其享受待遇情况

宣传政策有“热度”

符小艺通过网站、宣传栏、干部会议等渠道对贫困人员城乡居民养老保险政策进行大力宣传。例如 2019 年 11 月中旬，她组织人社局工作人员会同江口镇政府在台洞小学集中开展城乡居民社会养老保险扶贫政策专题宣传活动，就群众集中关注的贫困人员参保、贫困人员领取待遇等问题进行了重点宣传与解读，受到了当地群众的一致肯定。

欲问秋果何所累，自有春风雨潇潇。符小艺同志以“功成不必在我”的精神境界和“功成必定有我”的历史担当，谱写着城乡居民养老保险扶贫工作的新篇章！

践行初心使命　恪守职责担当

——广东省英德市社保局全力推进城乡居民养老保险扶贫工作

广东省英德市，下辖24个镇（街）299个村（社区），总面积5671平方公里，是广东省面积最大的县级行政区。

2018年10月23日，习近平总书记来到英德市连樟村考察，对当地干部群众说："乡亲们一天不脱贫，我就一天放不下心来。"英德市社保局牢记总书记嘱托，勇于担当，坚持脱贫路上"一个都不能少"的原则和标准，锻造出一支能打硬仗的城乡居保铁军，努力攻坚克难，最终实现辖区内建档立卡人员参保代缴、领取待遇"双百式"目标。

"领头羊"力量充分发挥——怀揣真心和热心才能为群众把事办好

英德市社保局林翠嵘是一名笑容爽朗的70后，作为英德市社保局的"领头羊"和城乡居保扶贫工作总指挥，她对实现"建档立卡贫困人员100%参保代缴、100%领取社保待遇"的目标坚定而执着。"来社保局之前我在望埠镇当镇长，长期在基层工作，我特别清楚乡亲们最想要、最需要什么。”谈起扶贫工作林翠嵘感触良深，“身为领导干部，我们必须怀揣真心和热心才能为群众把事办好，把仗打赢！”

为切实加快城乡居保扶贫工作步伐，林翠嵘在英德市社保局组建扶贫工作领导小组，由她担任组长，并坚持每季度至少召开一次扶贫工作专题会议，认真研究在城乡居保扶贫工作推进过程中遇到的堵点、难点问题，讨论制定解决方案，督促落实工作措施。

建立信息库每周“动态清零”——协调多部门联动解决堵点问题

随着精准扶贫的深入推进，各村各户的贫困人员数量每个月都会有所增减，参保人员的就学、务工等各类情况每个月也会有所不同。这对实现“每月确保新增贫困人员100%纳入基本养老保险参保”的任务目标，提出了挑战。

要解决这个问题，英德市社保局积极与扶贫办、公安局、民政局等相关部门对接，建立起英德市城乡居保扶贫工作联席会议制度，每季度定期召开一次。通过多部门联动，加强沟通协调，英德有效疏通了城乡居保扶贫工作推进中的最大堵点。

“因为得了大病，我上个月才被扶贫办定为贫困户，没想到社保局的工作人员这么高效，当月就帮我登记参加了城乡居民养老保险，并办好了政府代缴手续。”说起英德市社保局的办事效率，沙口镇洲西村村民张玉文赞不绝口。

为了及时掌握全市贫困人员最新动态，英德市社保局十分重视运用信息技术手段，加班加点将全市贫困人员年龄、户籍、收入、家庭成员等情况逐项录入系统，建立起详细的人员信息库，进行“一周一更新”式的动态管理。每周，英德市社保局都定期和扶贫办等部门比对信息，梳理出未参保、到龄未发放待遇的人员名单，将其发到各镇（街）逐一核实。一旦发现符合条件未参保或到龄未领取待遇的贫困人员，居保工作人员就立即行动，收集信息，及时录入信息系统，做好参保登记和政府代缴工作，确保新增一个、纳入一个，达龄一个、发放一个，切实做到每周“动态清零”。

服务政策走进群众身边——把“移动窗口”“镇村课堂”送到田间地头

“我市社保扶贫要坚决做到不漏一人、不缺一员！”英德市社保局领导班子的承诺掷地有声。通过组织定期排查，对发现的未参保人员及时跟踪了解，开展“一对一”入户宣传，主动上门为行动不便的重度残疾贫困人员办理参保登记手续，英德社保人不仅把“移动窗口”搬进千家万户，也把为民服务的温暖送到了困难群众的心坎上。

“这样的现场讲课够接地气，让我们真的受益匪浅”，这是连江口镇城樟村干部邓先勇第二次在家门口听社保局工作人员现场讲课了。

为扩大基层干部群众对城乡居保扶贫政策的知晓面，英德市社保局从 2018 年开始开设社保政策“镇村课堂”。3 年来共举办“镇村课堂”22 场，派出工作人员 48 人次，到各镇政府、村委会进行授课，将驻村干部、人社所工作人员、村（居）委会工作人员都培训成了一线的扶贫政策宣传员。

同时，英德市社保局还专门录制多条通俗易懂的社保扶贫政策宣传音频，通过各村口大喇叭“口耳相传”，让城乡居保各项政策响彻在英德宽广的田间地头。

牢记使命砥砺奋进——逐个击破参保难题

“群众身边无小事。”虽然英德市城乡居保目前每人每月基础养老金只有 170 元，但在贫困户张廷芳眼中，她和老伴的养老金却是一家人的“救命钱”。

张廷芳本是望埠镇黄田村的一名普通村民，因其孙子张又齐患上重病而致贫，2016 年 6 月被定为精准扶贫对象。2018 年 12 月，其儿媳妇颜细英因肝硬化在粤北人民医院住院，2019 年 3 月病情加重，一家的主要劳动力剩下儿子张帮创一人；而 2019 年 12 月张帮创又因严重的腰椎间盘突出在南方医科大学南方医院住院；更为揪心的是其孙子张霖 2020 年 5 月被确诊 T- 细胞淋巴瘤，住院治疗需要巨额费用。

广东省英德市社保局为贫困群众服务

面对接二连三的巨大打击，张廷芳几乎就要绝望了。得知这一情况，英德市社保局第一时间到当地村委会核实后，马上发动本局党员干部捐款4380元，并组织党员志愿者上门慰问。在了解到其家庭还没有纳入低保后，英德市社保局多次与民政局、望埠镇黄田村委会联系协调，推动将其家庭纳入贫困户兜底保障。

城乡居保扶贫的参保条件十分明确，在实际落实过程中也存在各式各样的“特殊”难题：

英德市是广东省拥有最多华侨茶场的县级市，辖区内有黄陂、英华和英红三个华侨茶场。这三个华侨茶场接收安置了大批东南亚的归侨，为维护国家良好的国际声誉作出了突出贡献。

英德市社保局在居保扶贫工作大排查中发现，许多归侨存在没有户籍等问题，进而导致无法办理参保手续的贫困人员多达300多名。为此，英德市社保局多次与当地派出所协调，并及时请示清远市社保局，精简各种证件办理手续，加快办理流程，最终顺利解决了这300多人的户籍问题，使其得以享受城乡居保扶贫政策。

无独有偶，针对本市30多名贫困老人因患有严重精神疾病且无社保卡及银行存折、其本人无法到邮政银行办理待遇申请的难题，英德市社保局也积极和邮储银行沟通协商，最终确定以村（居）委会出具情况说明、社保局出具公函的方式，由贫困户的监护人代办，保障了特殊老人也能100%领取待遇。

英德市社保局用实实在在的行动和坚持不懈的努力，践行了时代赋予社保人的使命和担当。截至2020年8月，英德市建档立卡贫困户符合城乡居民养老保险参保20539人，已100%参保；符合领取待遇11796人，已100%领取城乡居民养老保险待遇；政府为建档立卡贫困户、低保对象、特困人员、重度残疾人等32236人代缴养老保险，共代缴城乡居保401万元。由于在城乡居保扶贫工作中成绩卓越，英德市社保局单位和个人多次获评清远市“城乡居保经办管理先进单位”“城乡居保工作先进个人”，2019年还被评为广东省“人社系统扶贫先进单位”。

用真情服务群众　用行动践行使命

——记广西北海市银海区福成镇大水江村社保协管员谢锡仕

他，自任社保协管员第一天起，就立志要出色地干好本职工作。他，冬去春来，风雨无阻，整天奔走在田间地头为群众谋福祉。群众的点滴需求是他最深切的牵挂，以心换心后，他获得了最广阔的天空。如今，他被贫困户们亲切地称为“谢仔”。

他，就是北海市银海区福成镇大水江村社保协管员谢锡仕。

老百姓的贴心人

大水江村3000多人，谢锡仕几乎掌握了每个人的基本情况，特别是村里年迈且行动不便的老人，每当到养老资格年审时，都爱给谢锡仕打电话，让他到家中帮忙年审。谢锡仕就像对待家里老人一样，从未有过推脱。

由于和村民太熟悉了，即使是在夜里，村民想了解社保情况或咨询社保政策给他打电话，他没有拒接过，反倒是妻子心疼他，有点小情绪。“我把村民都当成自己的兄弟姐妹，村民也很支持我的工作，人与人的付出都是互相的，能帮得上就帮，没关系的。”每当这时，他总是笑着对妻子说。

贫困户的好兄弟

大水江村是北海市银海区四个贫困村之一，脱贫任务压力大，为打好脱贫攻坚战，社保队伍一直在行动。

作为社保协管员的谢锡仕在比对本村未参保人员名单时，发现退出户荣某某21岁仍未参保，便进村与荣某某取得联系并向其本人告知相关政策，荣某某答应第二天带相关材料到村委办理参保手续，但是第二天荣某某却未按约定前来。谢锡仕再次进村找到他时，荣某某表示是父母不肯给户口本前去办理。

得知情况后，谢锡仕主动找到荣某某父母，但荣妈妈在谢锡仕上门宣传时态度强硬，认为其被评为退出户，没有享受到多大的扶持政策，就算是政府代缴也不需要参保。

吃了“闭门羹”的谢锡仕没有气馁，两天后继续上门，后来又有了第三次、第四次 ..... 直到第六次入户，荣某某父母才终于感受到谢锡仕的用心良苦，同意递交材料为儿子办理参保手续。

这件事以后，谢锡仕每每路过荣家，迎接他的不再是白眼，而是“谢仔，到家里坐坐，吃了饭再走啊”的亲切话语。

扶贫路上的排头兵

谢锡仕工作思路清晰，有一套自己的工作方法，例如，对于未缴纳养老、医保费的人员，他知道单靠自己的力量在短时间内是不可能逐一通知到位的，因此他将人员名单按自然村委分类好，打上明显的标记符号，争取得到村委的支持，由他负责人数比较多的自然村，由其他有威望的村民小组长负责零散的自然村。在计划时间内，挨个村走访，每一户都通知，在很短的时间内就完成了工作任务。

在他的努力下，2017 年、2018 年城乡居民基本养老保险缴费率达到 89% 以上（目标为 85%），全村贫困人口 357 人，60 周岁以上(含)参保老年人 400 人，享受养老保险待遇 400 人，养老保险待遇领取率 100%。

由于工作成绩突出，谢锡仕得到上级部门和同事的认可，他连续 3 年评为优秀协管员。

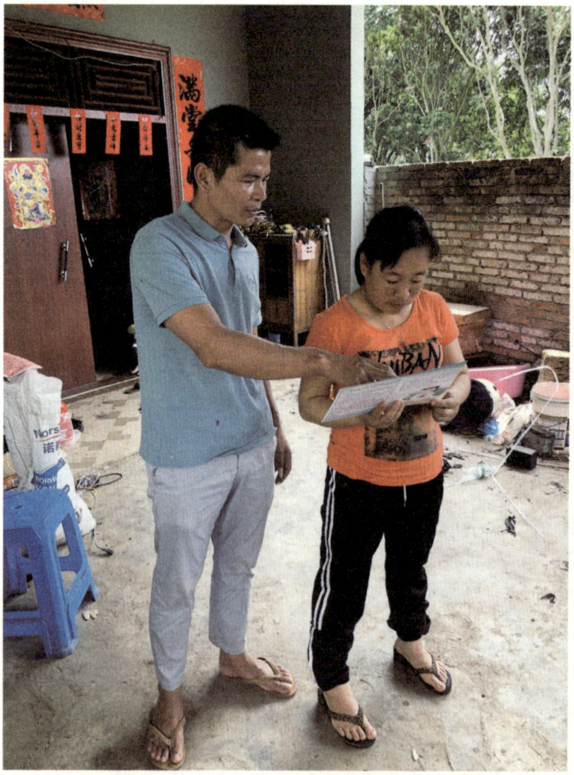

谢锡仕（左）对村民进行社保政策宣传

用时间换真情　以真情助脱贫

——记广西壮族自治区贺州市平桂区鹅塘镇就业社保服务中心

土瑶是我国瑶族的一个稀有支系，主要分布在贺州市平桂区鹅塘镇、沙田镇境内的6个土瑶村，6个村总人口1932户10350人，其中土瑶人口8500人。2018年土瑶贫困发生率为44.5%，是广西脱贫攻坚中最难啃的硬骨头之一。对鹅塘镇就业社保服务中心来说，这块扶贫硬骨头一啃就是6年，但是服务中心工作人员坚持久久为功，用时间换取土瑶群众的信任，最终收获了脱贫攻坚的良好成绩。

走进瑶山深处——宣传城乡居保政策

在土瑶村开展工作的难点首先是语言不通。土瑶地区居民居住在绵延100多公里长的大桂山脉上，山高林密、地势险要、交通闭塞，这造成了当地居民的普通话水平不高，特别是一些年龄较大的老人只会用瑶话交流。这对于鹅塘镇就业社保服务中心的干部职工来说是个大问题。

“当初为了推动城乡居民养老保险在土瑶村落地生根，我们中心的人都是和村干部一起坐摩托车一户一户去宣传。刚开始很多群众听不懂什么是养老保险。”鹅塘镇就业社保服务中心干部韦燕飞回忆说，“但土瑶村村民也很务实，当他们知道有的老人缴费并到 60 岁后每年都能领取养老保险待遇，就逐渐开始信任并积极参加城乡居民养老保险了。”

为了实现从少到多，鹅塘镇就业社保服务中心采取以点带面的形式，以当地村干部和 60 岁以上老年人为切入点，宣传培训好村干部，和村干部一同入户并和 60 岁以上老年人搞好关系，引导 60 岁以上老年人缴费并申领养老待遇，通过“榜样效应”让当地群众认识到城乡居民养老保险“老有所养”的好处。

“现在群众参保积极性特别高，有的刚满 16 岁就到社保中心缴费了。”韦燕飞笑道。以鹅塘镇大明村为例，全村人口共 2084 人，2019 年参加城乡居民养老保险的已经有 1286 人，排除 16 岁以下人员、全日制在校生等不在参加城乡居民养老保险范围的人员，全村参保率达 95% 以上，在平桂区位于前列。

加强部门联动——落实社保扶贫政策

2018 年起，建档立卡未脱贫户和两年扶持期内的脱贫户开始享受代缴城乡居民养老保险费政策，这让当地贫困群众交口称赞。

风春兰住在鹅塘镇槽碓村，家里一共 14 口人，于 2018 年脱贫，家中除了 5 个 16 岁以下人员和 1 个在校生外，其余 8 人均享受了代缴参保费的政策，2 年下来就为家里省下了 1600 元。

类似凤春兰的情况在土瑶村并非个例。为确保建档立卡贫困人员能应享尽享，一方面，鹅塘镇就业社保服务中心积极对接人民武装、教育等部门，获取第一手人口信息数据，一同和村干部、驻村工作队员摸清贫困户家庭人员情况；另一方面，社保服务中心结合上级反馈的人员信息数据和自身摸排的数据进行比对，形成疑点信息并进一步核实，有力推进基础信息摸排工作。

此外，社保服务中心高度重视贫困老人享受待遇工作，认真和民政部门核对低保、特困人员享受养老保险待遇情况，积极反馈给上级部门，确保符合条件的贫困人员对社保政策能应享尽享。

2019 年，鹅塘镇明梅、大明、槽碓三个土瑶村的建档立卡贫困人口共 3612 人，排除 16 岁以下人员、16 岁以上在校生、现役军人等人员 1208 人，其余 2404 人均已参加城乡居民养老保险，参保率达 100%。其中，低保、特困等贫困老人享受养老待遇的 82 人，占土瑶村贫困人口总领取待遇人数的 20.92%，切实完成城乡居民养老保险扶贫工作目标。

主动上门服务——让群众感受政策温暖

政策好不好，要看群众满意不满意。但是，政策暖不暖，得看工作人员是勤还是懒。

鹅塘镇大明村村委会位于山头上，而村民赵金花家则住在山底下，其父亲赵客胜年事较高，即使修好水泥路，也是“山路十八弯”，行车仍不容易。

“每年去各村给老人做养老保险待遇资格认证，都要特别给类似赵客胜这样行动不便的人员上门服务，土瑶村群众也很热情，知道我们工作人员不熟悉这里交通，会主动带我们到家中进行认证。”鹅塘镇就业社保服务中心在岗 4 人均是女性，往往入户都需要与当地群众或村干部一同前往，韦燕飞介绍。

平桂区积极推广广西人社 12333 公共服务网和“广西人社 12333”手机 APP，引导群众在家使用手机进行资格认证，但对于一些土瑶村群众不熟悉手机、家庭分布分散且道路偏远的，这样的方法在村里显然行不通。

为此，鹅塘镇就业社保服务中心每年会给各村安排好资格认证时间，特别给土瑶村的群众留出更多“上门”时间，用以解决年老体衰、行动不便人群的养老保险待遇资格认证问题。2019 年，鹅塘镇土瑶村领取养老待遇人员共 504 人，领取率达 100%。

鹅塘镇就业社保服务中心始终坚持以人民为中心，认真落实城乡居民养老保险各项工作要求和任务安排，推动基本养老保险应保尽保、提升城乡居保经办服务能力，不仅得到鹅塘镇贫困户的一致好评，更打牢了脱贫攻坚工作根基。

扑下身子钻业务　全心全意解民忧

——记海南省琼海市大路镇社会事务服务中心周万益

海南省琼海市大路镇社会事务服务中心主任周万益在城乡居保工作岗位上已经工作11年。11年来，周万益牢记一名共产党员的职责使命，扎根基层、恪尽职守、无私奉献，时时坚守着一名基层领导干部的职业操守和敬业精神。

扑下身子钻业务，全心全意解民忧。周万益带着对农村的无限热爱和对农民的真挚感情，紧紧围绕“全面打赢脱贫攻坚战”的总部署，进村入户、调查摸底、宣传发动、精准帮扶，扑下身子钻业务，全心全意解民忧，全力做好城乡居民基本养老保险扶贫工作，使大路镇城乡居保工作连续数年考核获评琼海市第一名。他也被评为“琼海市优秀共产党员”。

创建联动机制——当好落实城乡居保政策的组织者

周万益作为大路镇社服中心主任，主要负责大路镇的城乡居保扶贫工作。对于此项工作，他总是精心策划，全身心投入。

面对纷繁复杂的城乡居保扶贫工作，周万益没有把它们看成一种负担，而是视为一个展现和运用自己所知所学的舞台，看作自己能力的“试金石”。对待城乡居保扶贫工作，他坚持高标准、严要求，对待每个细节都一丝不苟。

在周万益的带领下，大路镇城乡居保工作连续数年获评琼海市第一名，扎实完成城乡居保扶贫工作。

在接到琼海市《关于做好2019年城乡居保扶贫工作的通知》文件后，周万益立即行动，迅速上报大路镇委、镇政府的主要领导，联合扶贫办、民政办、残联、宣传办等部门，组织召开了城乡居保扶贫工作会议，全面落实贫困、重残、低保、特困人员核查、参保及宣传工作，积极动员部署针对这四类困难群众的城乡居保扶贫工作，在大路镇形成了部门协作联动机制，凝聚了城乡居保扶贫工作合力。

广泛学习推动——当好落实城乡居保政策的宣传员

周万益深知，在城乡居保扶贫工作中，要充分发挥镇村干部、帮扶责任人的主力军作用。

他首先掌握好城乡居保扶贫政策，再培训业务骨干、驻村干部、城乡居保协管员、帮扶责任人，广泛学习推动。通过业务培训镇村干部、帮扶责任人，让大家熟悉掌握城乡居保扶贫政策，也让大家成为城乡居保扶贫政策的宣讲人、带头人。

同时，周万益组织社会服务工作人员充分利用大路镇“康庄大路”公众号、镇村公开栏、微信群等载体，采取电话讲解、微信转发、上门走访、入户宣传等多种方式，大力宣传城乡居保扶贫政策。针对大路镇困难群众多数中午、晚上及周末在家的特点，周万益经常利用这些时间下村走访困难群众，不厌其烦地为困难群众宣讲城乡居保扶贫政策，用通俗易懂而风趣的语言让其知晓自己的权益和城乡居保扶贫政策，确保城乡居保扶贫政策宣传工作家喻户晓。

在大路镇各个村委会、困难群众的家中、田间地头等地方都能看到周万益奔波的身影。他在乡野农家展现了一名共产党员的风采，在工作中实现着自身的价值，同时也激励着周围的人们。

分类精准帮扶——做好落实城乡居民扶贫政策的实施者

城乡居保扶贫是助力脱贫攻坚的重要举措，更是关爱帮扶特殊困难群体的具体体现。

周万益充分认识到，要干好城乡居保扶贫工作，分类精准帮扶是关键。

根据市社保中心提供的贫困、低保、特困人员三类困难群众信息，周万益组织镇社服中心工作人员与海南省城乡居民统筹养老保险系统中数据逐一进行核实，核查出未参加养老保险的困难群众，并将名单反馈给协管员，要求协管员逐

2019年12月大路镇社服中心主任周万益（左一）同协管员甘小望在蔗园坡村向低保户周汝才开展城乡居保扶贫宣传工作

村逐人核查，再反馈给镇社服中心，分类实施帮扶。

大陆镇社保服务中心对不符合参保条件的困难群众名单进行精确统计、列表标注，反馈市社保中心；对已参保的困难群众在业务系统变更身份、精准标识；对符合参保条件但未参保的16岁到59岁困难群众，收集身份证、户口本、农信社卡等资料的复印件，为贫困人口办理参保手续，以便今后代缴城乡居保保险费；对60岁以上但未享受养老保险待遇的困难群众重点摸排，排查出未参保的，按规定即时办理享受城乡居民基本养老保险待遇，使困难群众及时享受城乡居民养老保险待遇，增加家庭收入。大路镇对贫困人员做到精准识别、精准帮扶，为打赢脱贫攻坚战提供了坚强有力的保障。

周万益深知扶贫工作深重而道远，然而他无怨无悔，一以贯之带领着大路镇社服中心一班人坚定践行习近平新时代中国特色社会主义思想，为充分发挥城乡居民基本养老保险的社会保障兜底功能而辛勤工作着，为坚决打赢脱贫攻坚战而默默奉献着，为全面建成小康社会而不懈奋斗着。

聚焦精准　织密贫困人员“保障网”

——重庆市渝北区社保中心着力推进社保扶贫

近年来，重庆市渝北区围绕“五个一批”部署要求，将脱贫攻坚落脚到对贫困人员的参保代缴帮扶中。

自2018年执行为贫困人员等困难群体代缴养老保险费政策以来，全区累计为9085人次困难群众代缴社保费66.7万元，实现贫困人员100%参保，达龄贫困人员100%享受待遇，充分发挥了社会保险的兜底保障作用。

社保帮扶　让“阿妹”生活大变化

一本户口簿、一张社保卡、一份养老金……记录了阿妹一年来生活发生的大变化。

67岁的“阿妹”是一名“外地人”。20多年前她流浪到渝北区古路镇希望村，被村民郭进源收留并育有一女。因身份证遗失、户籍不详又不善交流，一直难以申办户籍。

多年来，他们家是古路镇出了名的贫困户。在推进精准扶贫、落实“五个一批”工作中，渝北区排查到“阿妹”的情况后，及时与当地村干部和片区民警取得联系，设法送“阿妹”和女儿做亲子鉴定，并依据鉴定结论为其落实了渝北户籍。

户籍办理后，工作人员又安排车辆陪同老两口到银行开户，并上门为“阿妹”办理了超龄贫困人员的城乡居民养老保险。2019 年 8 月，当工作人员将社保卡送到阿妹手中时，其丈夫激动地说：“现在政府给我们办了社保，生活比以前好过得多了。”现在，“阿妹”每月可以享受 120 元的养老金，待遇虽然不高，但对贫困家庭来说，这笔钱却是最重要、最稳定的生活保障。

精准帮扶　一枝一叶总关情

一枝一叶总关情。渝北区社保中心全力推进社保扶贫工作，确保每一位像阿妹这样的困难群众都应保尽保、应享尽享。

精准宣传确保应知尽知。该区编印《渝北区社保扶贫政策问答》手册 1000 份、宣传折页 2 万份、海报 200 张，分发到各村社、农民工集中行业广而告之；将社保政策宣传和参保情况排查作为贫困户帮扶人员上门走访的必要内容，要求帮扶人员带着宣传折页入户，将社保政策讲透，将“兜底”作用讲明，提高贫困人员对社保政策的知晓率。

精准施策确保应保尽保。当地以实施全民参保计划为抓手，建立贫困人员参保动态管理机制，定期对扶贫信息平台数据和本区建档立卡贫困人员名单进行比对，重点跟踪核查外出务工人员、应届毕业生、当年退役军人等群体，先后排查了 8.7 万条未参保可疑数据，确保贫困人员应保尽保。

精准帮扶确保应缴尽缴。渝北区社保中心贯彻落实市、区贫困人员参保资助相关文件要求，立足本区实际优化帮扶实施细则，将全区建档立卡贫困户、特困人员、低保对象等生活困难群体纳入资助参保范围，确保全区贫困人员 100% 参保，达龄贫困人员 100% 享受养老金，高质量完成全区社保扶贫目标任务。

工作人员上门开展指纹认证服务

“五个维度”用心用力　加快速度保持温度

——四川省绵阳市北川羌族自治县社保扶贫工作努力向前

自脱贫攻坚战役打响以来，四川省北川羌族自治县始终把脱贫攻坚作为最大的政治任务和第一民生工程，聚力聚焦社保扶贫，建立覆盖建档立卡贫困人口的社保扶贫兜底体系，全面落实“摘帽不摘政策”，下足“绣花”功夫，从“五个维度”上用心用力，确保社保扶贫惠民政策落地见效，贫困群众满意度、幸福感、获得感显著提升，全域脱贫任务全面提前完成。

抢抓速度　务求准度

作为全国唯一的羌族自治县、国家级贫困县，北川县委、县政府坚定贯彻落实习近平总书记关于扶贫工作的重要论述和“四个不摘”要求，把握社保扶贫精准要义，聚力科学组织、科学谋划，迅速召开会议部署落实人社部关于推进贫困人员城乡居民养老保险应保尽保会议精神，成立领导小组，明确县人社局为牵头部门，压实工作责任，迅速启动建档立卡贫困人口城乡居民养老保险费代缴工作。

该县从财政预算优先安排、流程经办优先宣传到位、代缴办理优先完成等多个方面，确保第一时间将政策落地落实。

北川县实施部门联动，建立扶贫、民政、财政等部门与社保数据共享对接机制，实时比对数据，精准识别人员，及时完善台账，动态掌握全县建档立卡贫困群众参保情况；建立社保扶贫档案，做到人社、扶贫、民政系统有总账，乡镇有分账，做到账账相符、账实相符。

经摸底和数据比对，2019 年全县需要代缴城乡居民养老保险费的困难人员 12619 人，其中已脱贫 6199 人，未脱贫 340 人，其他特困群体 6080 人，切实做到了账目人头准确，代缴代扣无一遗漏、失误，全方位确保精准施策。

织紧密度　保持温度

在县财政十分紧张的情况下，全县严格落实“摘帽不摘政策”，不折不扣地将建档立卡贫困人口全部纳入城乡居民养老保险费代缴范围。

2018—2019 年累计代缴建档立卡贫困人口等困难群体城乡居保费 20226 人次 202.26 万元，其中代缴已脱贫 8072 人次 80.72 万元。对代缴失败的贫困户，查实原因后及时解决，确保贫困人员“一个都不能少”，切实织密社保扶贫“兜底网”。

为了让服务保持温度，北川县坚持“以人民为中心”理念，倾力打造社保服务“旗舰店”和“智慧服务 · 温暖人社”服务品牌。积极推行“五个一”服务和“四零”工作法，以“互联网 + 人社服务”为抓手，打造 15 分钟服务圈，下延社保经办服务至乡镇、村（社区），推行“网上办”“掌上办”“邮寄办”“上门办”等服务模式，让贫困群众切身感受社保扶贫政策的温暖。

在抓好社保扶贫政策全面落实打好基础的同时，当地还着力打好人社扶贫“组合拳”，强保障，紧扣实际，紧盯贫困群众所需所盼，以推进贫困劳动力全员培训为抓手，创新“大师带动、基地示范、文旅结合、能人引领、‘志智’双扶、扶持激励”等模式，实现贫困劳动力“一人就业，全家脱贫”。

从脱贫攻坚工作开展以来，累计开展贫困劳动力培训 11348 人次，年开发村级扶贫公益性岗位 1318 个，转移输出贫困劳动力 1.98 万人实现就业。全县人社扶贫政策叠加成效日益显现。

城乡居民养老保险待遇发放仪式

情系高山草原　爱伴脱贫攻坚

——记贵州省黔西南州晴隆县人社局王冰

贵州省黔西南州布依族苗族自治州晴隆县位于云贵高原中部，素有“高山草原”的美誉，晴隆著名的抗战公路“二十四道拐”闻名世界。这里虽风景秀丽，人文积淀深厚，却也是全国52个尚未摘帽脱贫的深度贫困县之一，全县尚有建档立卡贫困户124680人。在贵州省委省政府吹响决战决胜脱贫攻坚总动员号角，向千百年来绝对贫困发起决战的同时，一个柔弱的身影已经在脱贫攻坚一线奋战了整整3个年头，用爱陪伴4户贫困群众走出了生活的艰难，迎来幸福的曙光。她就是晴隆县人社局农保中心副主任王冰。

再难，也要找到出路

2018年，当王冰走进贫困户郑登甫家时，她就和这个家庭结下了不解之缘。郑登甫是茶马镇马场社区五组的建档立卡贫困户。原本拥有种养殖技能的他想出去打工，无奈妻子是间歇性精神分裂症二级患者，无法像正常人一样生活。上还有年近八旬的老母亲，下还有两个年幼的女儿，迫使他不得不放弃了外出工作的想法，一家人的生活陷入了窘境，男儿有泪不轻弹的郑登甫流泪了。王冰得知后，主动承担起照顾她两个女儿的责任，辅导她们学习，给她们买玩具、学习用品和食品。王冰的儿子刘天阳今年9岁，和郑登甫的大女儿郑悠悠同岁，王冰周末就把儿子从县城带到郑登甫家，和悠悠一起写作业、做游戏，帮助郑登甫做家务，让她的女儿感受到家庭的温暖。郑登甫会种养殖，可苦于没有启动资金。王冰又主动帮他联系银行贷款，经过两年的努力和发展，郑登甫养殖了5头牛、8头猪，王冰这时又主动帮助他联系销路，扩大了他的客源，有了稳定的销售渠道，郑登甫的收入也日渐稳定。由于种养殖业的发展，郑登甫没有选择搬到易地扶贫安置点。考虑到他的住房条件属于危房，王冰及时主动向单位汇报，为郑登甫家解决了危房修缮资金，同时自掏腰包为他家院子解决了地皮硬化的问题。郑登甫在外养殖，王冰除了照顾他的两个女儿，还承担起了照顾精神病妻子的责任，有一次，王冰刚帮他的妻子梳完头，妻子的间歇性精神病犯了，把帮扶责任牌从墙上扯下来，狠狠扔到地上，摔得稀碎。那一刻，王冰心里充满委屈。但看到这个家徒四壁的“家”，她心里感觉更加难过。再难，也要找到出路。这是她对自己常说的话。经过两年多的努力，郑登甫的日子也逐渐好了起来，他说是王冰给了他继续生活下去的勇气和信心。

再忙，群众利益不会忘

王冰的主要工作是对全县社保形势和动态作出统筹安排，仅有3人的社保中心承担着全县近25万常住人口的参保工作。2018年以来，她走遍了全县14个乡镇（街道），对建档立卡贫困户的参保情况进行核查，在茶马镇中云头社区市四寨九组贫困户舒腾发家，仅有32平方米的旧房子四面灌风，阴冷潮湿，一家八口人蜗居在一张破旧的木床上，家中没有一件像样的家具，所有的物品摆放都杂乱无章。舒腾发和妻子是家中仅有的两名劳动力，常年在外打工，被问到什么是养老保险政策时，常常一脸茫然，舒腾发八旬的老母亲甚至连每月领的什么钱都不知道，一家人也都不愿意参加养老保险。面对这样的窘境，面对群众的茫然，王冰不厌其烦地数次上门做思想工作。舒腾发夫妇没有固定的工作，王冰当起了“铺路人”，她立即联系县人社局驻福建省晋江市的同事，帮助联系工厂，为夫妇俩提供就业岗位。舒腾发的母亲八十高龄，身体多病，王冰做起了她的“干女儿”，每周定时上门为老人做理疗、自费购买相关药品，并且把老人的身体情况用微信发

王冰（左四）到搬迁安置点开展城乡居民养老保险扶贫宣传活动

给远在外地的舒腾发夫妇，使他们随时掌握母亲的动态。

舒腾发的大女儿初中毕业，考虑到今后的发展，王冰又成了“引路人”，不仅为孩子提供生活和学习用品，还指导她在 2020 年考上了贵阳市女子职业学校幼教专业，为毕业之后的她回到家乡找工作打下了基础。通过一点一滴的关爱，舒腾发逐渐转变了观念，一家人参加了养老保险。

凭着这股把群众利益放心上的劲头，王冰和同事对全县建档立卡贫困户数据 124680 条、低保数据 43917 条、特困人员 408 条、残疾人数据 12214 条（其中重度残疾人 3343 条）逐一比对和核查，确定和掌握了各项数据，精准扶贫又迈出了坚实的一步。

再累，也要看到希望

王冰毕业于贵州省警官职业学院，没有成为一名警花的她，却阴差阳错成了一名警嫂。他的爱人在晴隆县公安局网安大队工作，彼此工作的繁忙使得夫妻俩聚少离多，只能把 9 岁的儿子留在离自己帮扶地三小时车程的兴义市，由自己父母照顾。她的父亲是长途车司机，长年累月的辛勤劳作留下了严重职业病。王冰照顾年迈的父母。除了本职工作之外，她常常在 4 个贫困家庭一转就是一整天，凌晨一两点睡觉也成了家常便饭。有时候，累得站着都能睡着。她笑称自己是停不下来的“机器人”，再累也要咬牙坚持。

她在家里对孩子的管教方式也实行“军事化”，好在儿子从小就很懂事，这让她欣慰不少。王冰不记得已经有多少个周末驻村，没有像其他父母一样陪儿子过周末。面对每次出发前儿子眼含泪水的挽留，王冰一面说，“男子汉，你要咬牙挺住，妈妈很快就回来”，一面转过头去，不经意间自己也是泪流满面。但对贫困户的要求，她是随叫随到，有求必应。在晴隆县长流乡溪流村，89 岁的建档立卡贫困户李昌云老人，子女常年务工在外，因银行卡丢失，一直没有去领取养老金，想到县城去补办，又因行动不便未能出行。王冰得知后，第一时间到老人家里收集相关信息材料，亲自到农行晴隆支行为李昌云办理了养老保险卡。看着崭新的社保卡，老人激动了，握着王冰的手久久不肯松开。在她三年多的不懈努力下，4 户建档立卡贫困家庭已经实现年收入脱贫的目标，2 户村民搬进了易地扶贫安置点。晴隆县三宝街道办事处新荷社区居民安置点的舒腾波老人高兴地称赞："这里生活方便，看病也方便，王冰是好人，共产党好。"

如今，决战决胜脱贫攻坚已经到了关键时刻，王冰依然在岗位上坚守，在"高山草原"上，无数像王冰一样的基层干部正在用自己辛勤的双手撕下贵州千百年来绝对贫困的旧标签，为历史性的胜利贡献智慧和力量。

工作全方位　服务零距离

——记贵州省黔南州龙里县冠山街道办事处

黔南州龙里县冠山街道下辖17个村（社区），辖区面积0.0235万平方公里，户籍人口55536人，现有参保人员18544人。近年来，冠山街道认真学习贯彻习近平新时代中国特色社会主义思想，大力开展城乡居民基本养老保险工作，充分发挥城乡居民基本养老保险在推进脱贫攻坚工作中的保障作用，将其作为脱贫攻坚头等大事、第一民生工程的重中之重和“当头炮”来对待和安排。通过“强化组织领导、强化统筹推进、强化零距离服务、强化搬迁政策服务到位”，扎实做好精准扶贫对象参加城乡居民基本养老保险工作，圆满完成了上级交办的各项任务。

强化组织领导　提高参保意识

每年年初，冠山街道都及时召开城乡居民基本养老保险扶贫工作部署会，在全街道范围内迅速开展工作。一是确定了由挂村领导牵头，驻村干部带领村干部具体抓落实，形成由挂村领导、驻村干部、村（社区）干部负责的层层抓落实的工作机制。各村（社区）发挥基层干部作用，全面提高广大贫困人群的参保意识，努力做到城乡居民基本养老保险扶贫家喻户晓，人人皆知。目前已有 17 名街道领导干部包保 17 个村（社区）。

二是带领各村（社区）干部利用赶场天、QQ 群、微信群、悬挂标语、入户等多种渠道或形式宣传，让群众乐于接受、乐于宣传。目前已通过 QQ 群、微信群等向广大群众发布城乡居民基本养老保险相关宣传信息 1620 余条，发放宣传单 6 万余份。

三是挂村领导带领村（居）委干部一起走家入户，宣传政策。遇到对政策不理解甚至有偏差的群众，相关工作人员都耐心地一遍遍讲解，推心置腹地帮助群众算好"经济账"，算清个人政府补贴的"实惠账"，直到群众消除了缴费顾虑，领会了政策，才放心收队。已开展入户走访宣传群众 11500 余户，手把手帮助 6800 余名群众算好经济账。西城社区挂村领导何定昌带领包村干部和社区"两委"人员一同入户宣传城乡居民养老保险 50 余次，走访群众 350 余户，向 1640 余人耐心讲解养老保险相关政策，精心做好思想动员工作。通过领导上门服务做通群众工作，广大群众积极参保。

强化统筹推进　坚持积极作为

为强化城乡居民基本养老保险与最低生活保障、特困人员救助供养等社会救助制度的统筹衔接，冠山街道始终积极作为，实现工作新业绩。一是加强经办业务培训。通过学习培训，提高工作人员养老保险系统操作、POS 机使用、电子表格比对等技能。定期组织召开办公室会议，对工作中出现的问题大家随时进行沟通解决，提高工作效率。目前已开展技能培训 13 场，参训人员达 380 余人次。召开办公室会议

18次，解决处理问题90余件。

二是加强部门联动。积极会同扶贫、民政、卫健等部门协调，实现信息资源共享。核对特困人员信息，并同城乡居民养老保险信息系统的数据进行比对和筛选，剔除不符合参保条件人员，如双重身份人群，在校学生，参军、服刑、参加城镇职工养老保险人员等，分门别类建立了冠山街道建档立卡贫困人员、低保对象、特困供养对象、重度残疾人、计划生育特扶对象的动态数据库，实现参保政策精准实施。

三是提高参保率。将各年度已脱贫未参保人员名单下发给各村（社区）以及帮扶责任人，逐个排查未参保原因，结合全民参保计划，积极动员和引导其按规定参保续保，防止建档立卡农户因年老、疾病等返贫。2019年初建档立卡户中符合参保条件而未参保人员共有249人，经过全体干部职工的努力全部实现参保，建档立卡农户参保率为100%。

零距离服务　让群众感受温度

冠山街道办事处按照“内强素质，外树形象，建一流队伍，创一流业绩”的工作思路，勇于创新工作，提高为民服务水平。一是主动上门服务。针对部分行动不便人员、残疾人、边远农民等群体，冠山街道组织志愿服务队上门服务。在开展城乡居民养老保险电子资格认证工作时，志愿服务队为行动不便老人和残疾人上门做领取待遇资格认证工作。截至2020年已开展主动上门服务1300余人次。组建志愿服务队17支，帮助630余名行动不便人员录入养老保险电子资格认证。韦国选，家住冠山街道鸿运社区，肢体残疾二级，行走困难，儿子儿媳常年在外务工，抽不出时间带老人到社区做资格认证，冠山街道人社中心主任刘梅得知这一情况后，立即会同社区工作人员入户专门为行动不便老人和残疾人上门做领取待遇资格认证工作。韦国选感慨万千，饱含泪水激动地说："国家的社保政策真的是太好了，感谢政府对我们残疾人的关心。"

二是改善服务环境。不断加大软件和硬件投入，增设业务大厅触摸式查询系统、饮水机、休息座椅等各种服务设施，推行领导大厅值班制度和一站式服务等一系列服务举措。制定了"四个零"服务规范，即"真情接待零距离，要一视同仁；真挚沟通零障碍，要一诺千金；真心办事零差错，要一丝不苟；真诚服务零投诉，要一心一意"。17个村社区均配备"村村通"收费机，添加便民大厅座椅71张。

三是提高为民服务水平。简化办理流程，用多种缴费方式简化办理程序和办理环节、推行限时办结制，对办理业务的各个环节都做了明确的时限要求。科学完善城乡居民养老保险基金征缴、到龄人员养老保险支付、新参保人员申报、死亡人员退保及丧葬费审批等工作，截至2020年上半年，已简化办理流程6项，对8个办理环节明确时限。完成城乡居民养老保险基金征缴159.8万元，提前超额完成县下达任务数130万的目标。完成待遇领取人员资格认证3540人。办理低保特困供养对象政府代缴285人14250元。办理重度残疾人政府代缴202人，代缴金额20200元。

强化政策到位　解决搬迁户后顾之忧

冠山街道深入贯彻落实党中央、省州关于扎实做好易地扶贫搬迁后续扶持发展工作要求，坚决打赢脱贫攻坚战，按照加快建立健全覆盖城乡居民的社会保障体系的要求，衔接做好易地扶贫搬迁后续城乡居民基本养老保险政策，确保搬迁贫困户享有基本生活保障，进一步提高易地扶贫搬迁人员城乡居民基本养老保险待遇水平。龙里县出台了《中共龙里县委办公室龙里县人民政府办公室关于印发〈龙里县易地扶贫搬迁“五个三”后续扶持发展实施方案〉的通知》《龙里县易地扶贫搬迁城乡居民基本养老保险后续扶持工作方案》等政策文件，在冠山街道高新技术开发区建立易地扶贫搬迁集中安置点，冠山街道承担各镇（街道）搬迁群众社会保险转移接续、参保缴费、待遇办理。全县易地扶贫搬迁户 1218 户 4841 人，坚持“保基本、广覆盖、有弹性、可持续”基本原则。

冠山街道从农村实际出发，低水平起步、筹资标准和待遇标准与经济发展及各方面承受能力相适应，个人（家庭）、政府合理分担责任，全面提高易地扶贫搬迁人员城乡居民基本养老保险后续扶持保障措施。一是办理易地扶贫搬迁户参保选择及转移接续。易地扶贫搬迁

贵州省黔南州龙里县冠山街道工作人员向群众讲解城乡居民养老保险扶贫政策

户可自愿选择参加城乡居民基本养老保险或城镇企业职工养老保险。选择参加城乡居民基本养老保险的，可自愿将原居住地养老保险关系转移到迁入地，在迁入地就近就地参保，搬迁户与原居住地享受同等养老保险待遇。选择参加城镇职工养老保险的，享受企业职工养老保险待遇。截至2020年已办理养老保险关系转移890人。二是落实城乡居民基本养老保险政府代缴。对已年满60周岁的易地扶贫搬迁人员，因无力缴纳城乡居民养老保险费而尚未领取城乡居民养老金的，由县财政按每人每年100元标准一次性为其代缴养老保险费，代缴对象从参保代缴次月起开始领取城乡居民基本养老保险金。三是认真落实城乡居民基本养老保险金提标政策。为切实提高易地扶贫搬迁户养老保障力度，对年满60周岁已领取城乡居民基本养老保险金的易地扶贫搬迁人员，由县人民政府每人每月给予30元的养老金补贴。2017年10月以来，冠山街道奋进社区共有530余人享受易地扶贫搬迁城乡居民基本养老金政府提标政策，累计发放政府提标资金48万余元。

攻坚克难　任劳任怨
确保社保扶贫政策贯彻落实到位
——记云南省德宏州芒市人社局毕雄英

“自己在脱贫攻坚工作中多认真细致一点，在贯彻落实上级政策时多把握精准一些，多为贫困群众考虑一下，不管自己付出多少，都是值得的。”这是云南省德宏州芒市人社局城乡居民基本养老保险服务中心副主任毕雄英时常说的话。多年来，她用自己的实际行动践行着自己的信念。

社会保障是脱贫攻坚工作中的重要一环，社保扶贫是其中不可缺少的一部分，城乡居民养老金是扶贫对象转移性收入的重要组成部分。毕雄英平时是5个城乡养老保险信息系统的管理员，还担负着重度残疾人的养老保险业务的办理和服务。自芒市打响脱贫攻坚战以来，毕雄英立足岗位，以高度的责任感和强烈的事业心又担负起全市社保扶贫工作任务。她兢兢业业、恪尽职守、辛勤工作，出色地完成了每年的社保扶贫工作任务，为扶贫工作作出了积极贡献。

调查研究打破常规——让建档立卡贫困老人老有所养

2019年云南提出了社保扶贫三个百分百目标任务，地方政府制定出台代缴政策，以及落实未标注脱贫建档立卡贫困人口、低保对象、特困人员等困难群体100%代缴城乡居民养老保险费；年满60周岁未领取基本养老保险待遇的贫困人员100%纳入城乡居民养老保险并按月发放待遇情况；符合条件建档立卡贫困人口100%参加城乡居民养老保险情况。早在2016年芒市就开始了助缴城乡居民养老保险扶贫工作，重点围绕三个百分百来开展社保扶贫工作。

在工作开展过程中，毕雄英发现有部分年满60岁以上建档立卡贫困老人没有享受养老金待遇，经核实是因为家庭经济困难缴不起费。她把这个情况跟分管领导作了汇报，经领导研究，市里出台的社保扶贫方案包括了对这部分人的养老保险助缴。由于芒市是西南边境少数民族居多的贫困县，结合实际方案最终把所有的建档立卡户中符合条件家庭成员完全纳入城乡居民基本养老保险助缴。

这种超出后来上级部门文件规定助缴范围的做法具有当地特色，符合当地实际，是市政府坚决打赢脱贫攻坚战的决心体现。

关爱特殊群体——养老金对这些家庭更加重要

重度残疾人是典型的困难群体，国家助缴城乡居民养老保险政策是对这个群体的关心和爱护。

由于担心特殊困难群体得不到应有的政策照顾，特别是那些即将到龄的重度残疾老人，毕雄英到市残联要来了残疾人名册，一一打电话通知其家属到乡镇社保中心申报参保。她深知只有做好其家属监护人的工作，才能让国家的这一民生工作落到实处。

江东乡仙人洞大雀窝一社的言语一级残疾人左祖因，马上就到60岁了，残疾证没有及时更换，再不办理就没法及时享受养老待遇。毕雄英几次打电话催促其儿子来芒市残联办理。终于在下雨的一天早上，老人的儿子披着塑料布来了，找到毕雄英办理好了其母亲的事，看着老人的儿子腿脚不方便地走着，毕雄英心里很不好受，临走时追出来塞给他一些钱，并嘱咐他回去一路小心。

一心一意为群众服务——看到群众的笑容再苦再累也值得

自从乡镇调动到芒市人力资源和社会保障局城乡居民基本养老保险服务中心工作，毕雄英多年没有休过假。城乡居民养老保险是保基本、广覆盖、兜底性的国家养老险种，涉及群体广，意味着工作量的巨大。

信息系统建设是干好工作的根本。省里开发的云南省城乡居民基本养老保险信息系统，从学到用再到培训各乡镇业务人员，毕雄英作出了重要贡献。

由于长年累月在电脑前做数据工作，她患上了颈椎腰椎突出的毛病。医生告诉她要想缓解疼痛，就要改变久坐的状态。但是她的工作离不开电脑，往往埋头电脑前一干就是一整天，抬起头来才知道下班了。平时乡镇业务人员流动快，新人对工作不熟悉，她都会手把手教，耐心细致，直到搞懂会做。为完成社保扶贫三个百分百，不漏一人的任务，毕雄英经常加班加点，“五加二、白加黑”是常态。特别是每年市扶贫办把数据确定下来，需要组织各乡镇社保工作人员开展助缴工作。联系各个部门、对比各项参保数据、排查符合条件人员、表格逻辑核对、档案装订、录入信息系统、统计汇总上报等一系列工作，都是她在干。有时她还被抽调到扶贫督查组，面对贫困户，她把助缴政策和平时业务宣传到户，遇到老人会询问养老金领没领到。当看到老人笑着感谢的时候，她觉得再苦再累都值得。

早上来上班，下班到晚上十一二点是常态，甚至至午夜一二点。顾不上回家吃饭，就和乡镇业务员点外卖，吃方便面。2017 年是芒市脱贫出列年，为了完成工作任务她把身体都累垮了，由于吃饭没有规律，得了急性肠胃炎，以为挺一挺就好，在办公室晕倒几次后最终住进了医院，出院后又继续埋头苦干。

毕雄英（左一）到芒市风平镇风平村二组群众家中宣传讲解社保扶贫政策

人社扶贫最大的困难是由于扶贫数据的浮动性较大，民政部门低保、特困人员信息变动也快，往往做好了第一批数据中助缴的各种表格，准备做结算处理时，由于剔除、新识别、自然增减等变动因数让原数据又有了变更。为不漏一人达到百分百参保目标，又得把数据重新比对一番，把新增符合条件的人员再归档，重复做一套表格。

由于芒市的社保扶贫是扩大到所有建档立卡人员，因此工作量是别的县市的几倍。毕雄英和同事们经过几年的努力，为建档立卡贫困人员累计助缴了 52435 人次，助缴资金 541.74 万元。其中为卡外低保户和特困户助缴 3602 人，助缴 36.02 万元。特别是对 229 位超龄老人通过助缴，让他们享受到了养老保险待遇。完成了每年的“三个百分百”任务，社保扶贫工作得到了广大建档立卡贫困人口、低保对象、特困人员等困难群体的肯定。

扶贫工作之所以顺利开展，就因为有许许多多普通和毕雄英一样的社保人，以爱心、细心、耐心、责任心在平凡工作岗位上履行着一心一意为民服务的职责，以踏实肯干的工作作风，为打赢脱贫攻坚战贡献着自己的一份力量。

青春在社保扶贫战线上绽放

——记西藏自治区那曲市城乡居民养老保险中心祝联斌

争当群众的“联络员”“更新员”“宣传员”“服务员”，这是西藏自治区那曲市城乡居民养老保险中心主任祝联斌从事城乡居保工作以来的职责定位。

在城乡居民养老保险扶贫工作中，祝联斌不断创新工作思路，励精图治，本着“立足于早、立足于快”的工作态度，充分发挥老党员的先锋模范作用，勇挑重担、敢为人先、开拓创新、积极进取，扎实推进社保兜底扶贫工作并取得了优异成绩。

当好群众的“联络员”

为全面了解掌握全市城乡居民养老保险参保情况，祝联斌2018年、2019年连续两年多次深入乡（镇）、村（居）、牧户家中开展调研，对纳入扶贫代缴的参保群众和领取待遇群众进行家访，对符合代缴、领取待遇条件的群众未按时代缴和领取待遇的查明原因，及时纳入代缴和发放范围，并鼓励建档立卡贫困户在政府全额代缴的基础上多缴多得，切实将国家扶贫优惠政策落实到人。

截至目前，那曲市建档立卡贫困户16—60岁参保68779人，满60岁领取待遇人数为8594人。

当好群众的“更新员”

为全面掌握那曲市建档立卡贫困户参保情况，摸清底数，祝联斌要求城乡居民养老保险中心工作人员充分利用人社扶贫信息平台，全面开展人社扶贫系统和业务系统的数据核实、及时更新工作，动态掌握本市建档立卡贫困人员参保情况，对本市贫困人员参保信息、享受待遇情况，以及未参保情况进行精准化管理，努力为参保群众提供更加优质高效的经办服务。

当好群众的“宣传员”

祝联斌带头宣传城乡居民养老保险扶贫相关政策，通过协调那曲市电视台、那曲报、云短信、邀请自治区人社厅相关业务骨干深入那曲市进行授课等多种宣传渠道，向广大参保群众宣传城乡居民养老保险政策，确保经办人员和服务对象弄懂政策、用好政策。

当好群众的“服务员”

为确保那曲市建档立卡贫困户“应发尽发、应保尽保”，确保养老金按时、足额发放，进一步提升人民群众的幸福感、满意度，祝联斌积极协调县（区）人社局、农行等部门，为行动不便老人提供上门办卡、激活社保卡等服务。

2020 年 6 月底，在祝联斌带领下，那曲市城乡居民养老保险中心提供上门办卡服务达 300 余户，办理银行卡 1000 余张，激活社保卡 2000 余张。

社保扶贫应享尽享　真情帮扶润物无声

——记陕西省韩城市居民养老保险中心夏雨佳

从事社保扶贫工作多年，陕西省韩城市居民养老中心业务科科长、扶贫专员夏雨佳与贫困群众建立了“血肉”“鱼水”关系。群众信任他，有心里话都愿意跟他讲，他心中装着困难群众，用自己的热心、热情、尽职、敬业，让众多群众通过社保扶贫走出了贫困。

责无旁贷挑重任　勇当扶贫主力军

扶贫工作之初，韩城市居民养老中心就对社保扶贫工作的艰巨性有了充分的思想准备。夏雨佳是一名共产党员，年富力强，而且多次获得年度考核优秀。社保扶贫工作启动后，夏雨佳主动向组织提出到社保扶贫工作一线，勇敢挑起了这个重担。

在社保扶贫工作中，夏雨佳始终坚守为人民服务的宗旨，发扬脚踏实地干事创业的“孺子牛”精神，勤勤恳恳，兢兢业业，以一名优秀共产党员的标准严格要求自己：在平凡的岗位上默默耕耘，无私奉献，充分彰显出爱岗敬业、乐于奉献的精神。

实际情况全掌握　长效机制速建成

工作伊始，夏雨佳同志主动与韩城市扶贫办、民政局、残联等单位对接，整理全市贫困人口参保数据与基本情况，并把这些数据与居民养老信息系统无缝对接，形成了完整的第一手材料。

基本情况明了后，夏雨佳彻夜不眠，制定出详细周密的工作方案，在很短时间内就解决了韩城市社保扶贫工作中一直存在的责任不清、沟通不畅等短板，形成了市乡联动、责任到人的长效工作机制。

同时，夏雨佳与镇、村、派出所联系，第一时间解决了群众由于未办理身份证及其他原因没有参保，不能领取养老待遇的问题。

夏雨佳（右一）下村宣传政策

有朋友说他："这点小事，你那么认真做什么？"他一脸认真地回答："群众利益无小事，不能含糊。"他是这么说的，也是这么做的。

真情实意真扶贫　应享尽享暖人心

社保扶贫工作的重点是动员未参保贫困户参保，这也是工作难点。面对困难，夏雨佳从来没有退缩，他经常加班加点，下乡入户，耐心为贫困群众讲解社保扶贫政策，还尽自己一切能力在生活上积极给予帮助。

芝川镇滩子村的薛志宣一家因贫困没有参保。夏雨佳认真分析其致贫具体原因，他觉得可以把就业扶贫与社保扶贫结合起来开展工作。说干就干，他马不停蹄联系人才招聘部门，最终为薛志宣的儿子在焦化厂找到一份工作，为其儿媳在市区联系了商铺，办理了5万元创业担保贷款，让她做起了童装生意。薛志宣不但全家参保，而且很快脱贫。

芝川镇吕庄村禹忠义，家有80岁高龄的老母，妻子二级精神残疾，两个儿子，一个待业在家，一个在西安上学，家庭生活困苦。特别是大儿子鹏飞，因母亲的特殊病情，加之自己常年待业，性格内向，"不抬头、不说话"。

夏雨佳看在眼里急在心里，他明白一定要解决好这个问题，让鹏飞走出阴暗，重新起飞。为此，他经常来到禹忠义家，讲解社保扶贫各项政策，协调解决现实困难，并给鹏飞开展心理疏导，帮助联系外出务工。最终，夏雨佳经过多处努力奔走，给鹏飞介绍了一份收入合适的工作，还动员夫妻二人参加了职工养老保险。看着鹏飞开朗、乐观、积极地开始了自己的新生活，夏雨佳胸膛里仿佛一股热流在涌动着。

这些只是夏雨佳在社保扶贫日常工作中的“冰山一角”，这样的“小事”还有很多很多……

到2019年底，韩城市贫困人口6542人，除去未满16周岁的学生、军人及参加其他养老保险1713人，实现了60周岁以上人员1720人全部领取待遇，3109人全部缴费，韩城贫困人口应保尽保。这其中无不凝聚了夏雨佳无私的付出和心血。

多年来，他与贫困群众建立了“血肉”“鱼水”关系。他的真情深深触动了贫困群众，他们有话愿跟他讲，有困难愿找他帮忙，都把他当成贴心人。面对成绩，夏雨佳总是说：“这些成绩都是大家共同努力取得的，老百姓的满意就是对我工作最高的评价。”

翻山越岭送服务　反复上门讲政策

——陕西省宝鸡市太白县人社局加强城乡居民养老保险扶贫

陕西省宝鸡市太白县地处秦岭腹地，属于国家重点贫困县。山大沟深，群众居住分散，全县 4.1 万农村人口中，贫困人口就有 1.47 万人。

面对社保扶贫工作难度大的实际，太白县人社局以“一个都不能掉队”为目标，攻坚克难，充分发挥社会保险助力脱贫攻坚的作用，走出了一条社会支持、群众点赞的社保扶贫路。

坚定信心　困难群众不掉队

“党的政策越来越好，我家里有困难，政府给我代缴了养老保险费，我从心里感谢党和政府！”这是距县城 100 多公里的鹦鸽镇棉寺坝村贫困户刘有全发自内心的话语。

太白县人社局坚持把社保扶贫作为重大政治任务，建立领包片、责任分工、督办考评等机制，与扶贫、民政等相关部门沟通协调，数据共享、反复比对、甄别筛选，摸清贫困人口底数。将建档立卡贫困人口、低保对象、特困人员等各类困难群体全部纳入代缴范围，做到应参尽参。共为60周岁以下1458名贫困人员代缴了养老保险费，代缴率100%；60周岁以上1647名老龄贫困人员全部享受养老金，待遇享受率100%，实现了“不漏一户、不落一人”。

兜底保障　群众吃上定心丸

“感谢马局长为我家算清了参保脱贫账。”2019年秋，太白县人社局局长马宏荣上门为大地岭村贫困户郭龙算清了个人缴费与补贴、养老金的对比账，“小账本”连着人社为民服务的大情怀，折射着社保扶贫的大方略。郭龙为2018年建档立卡未标注脱贫的贫困户，父母常年在家务农，收入微薄，觉得自己年轻养老尚早，在镇、村干部和工作人员反复上门讲解的情况下仍然持观望态度，最后在马宏荣的耐心讲解下，郭龙渐渐解开了心结，当即表示要按300元标准缴纳2019年养老保险费。

太白县针对确实困难的特困群众，采取养老院代缴、镇村兜底、社会爱心人士捐助等办法，全力破解参保缴费难题，使全县贫困户由“要我脱贫”变为“我要脱贫”的思想与行动蔚然成风。

暖心服务　群众纷纷点赞

细节决定成败，服务传递爱心。太白县人社局工作人员组成“社保扶贫服务队”，翻山越岭，逐村入户上门讲政策，协助资格认证，代办参保缴费。用微信推送政策，将窗口开到了养老院，开到了偏远群众家门口，打造“七个一次不用跑”智慧服务，积极推进群众办事

“一网通办”，让信息多跑路，群众少跑腿，使群众办事更顺畅、更方便。群众的幸福感和获得感大幅提升。

“真是太感谢你们啦！你们上门来给我们认证，我们再也不用发愁了！”认证结束时老人拉着工作人员的手再三表示感谢。一名常年在太白居住的河南省周口市老人，由于疫情影响，来到窗口求助。太白县人社局立即和周口市居保中心联系，为老人办理了年检。“真是太感谢了，我要给你们点个赞！”老人激动地说。

太白县人社局干部深入咀头镇拐里村二组贫困户家中了解扶贫政策落实情况

铿锵玫瑰绽芬芳　栉风沐雨别样红

——记甘肃省两当县社会保险局冯文霏

她独当一面，自 2011 年分配到社保局以来，一直独自承担城乡居民养老保险的繁重工作，经常加班加点，攻坚克难。

她心系群众，在村里挂职第一书记，主动担当，解决了很多民生难题。

她意志顽强，临产前拖着笨重的身躯坚持奋战在扶贫工作第一线，扶贫验收完成的第 2 天她的孩子就降生了，同事开玩笑说她的孩子应该叫“精准”或者“扶贫”。

俯身大地，便会收获芬芳。她多次出色完成城乡居民养老保险工作，并于 2012 年被评为“全省城乡居民养老保险先进个人”。而作为第一书记，她所在的村于 2018 年被省政府评为“精神文明村”。

她，就是甘肃省两当县社会保险局科员冯文霏。

一心为民，是她的永恒初心

2016 年是两当县脱贫的攻坚年，为发动群众积极参保，扩大城乡居民基本养老保险工作的影响力，冯文霏经常下乡入村，到各乡镇村宣讲城乡居民基本养老保险精准扶贫政策。

当时任务非常重，为处理各种复杂问题，冯文霏经常加班到凌晨三四点，常常都是抱着手机入睡。

为高效反映工作情况，通过认真摸索，她根据实际情况自制了城乡居民养老保险精准扶贫表册，使工作少走弯路，被其他县区同志广泛学习，得到了同行的大力赞许。

冲锋在前，是她的不变本色

2017 年，由于工作业绩突出，冯文霏被推荐成为两当县云屏镇棉老村第一书记，她深深认识到自己身上的担子更加重了。

白天冯文霏到村开展扶贫工作，晚上回单位继续加班加点推动业务落实，夜幕下她办公室的灯总是会亮到很晚，最终她和同事们圆满完成了城乡居民养老保险验收任务，同年两当县全县脱贫。

按照脱贫不脱政策的要求，作为业务骨干的冯文霏经常去乡镇检查指导。深冬的一天，在去一个乡镇的途中，路面已经结冰，比较湿滑，同行人都劝冯文霏不要去了，因为此时的她已怀孕 2 个月，如果滑倒的话会有危险。冯文霏没有任何犹豫，她知道这个乡镇地处偏远，贫困发生率高、问题多，必须早日了解情况，不能让这个乡镇拖全县后腿。她默默走上冰层，小心翼翼地慢慢挪动，最终到达目的地。

2018 年两当县再次被国家第三方评估抽中，此时的冯文霏马上临产，但她依然夜以继日地准备相关资料，繁重的工作让她的身体出现严重的浮肿，腰疼得直不起来，但她依旧没有喊过一声累。

验收完成的第 2 天，冯文霏的孩子就降生了，同事开玩笑说她的孩子应该叫“精准”或者“扶贫”。

在冯文霏的不懈努力下，两当县城乡居民养老保险 2016—2019 年全县参保率一直维持在 97% 以上，贫困人口参保率 100%，顺利完成了每年贫困验收指标。

冯文霏正在办理养老保险扶贫业务

强基固本扎牢网　提质增效优服务

——甘肃省甘南州夏河县人社局实施“1343”工作法实现应保尽保

城乡居民养老保险工作是一项统筹城乡发展、保障群众利益、维护社会和谐的惠民工程。近年来，甘肃省甘南州夏河县人社局认真贯彻落实中央第六次西藏工作座谈会、省委藏区工作会议精神和人社部城乡居民养老保险政策要求，始终按照“保基本、广覆盖、有弹性、可持续”的基本原则，坚持以人为本、服务民生、重心下移的方针，扎实推进全县城乡居民基本养老保险各项工作，以为广大农牧民群众提供高质量服务为目的，让更多的群众不出村便能享受到各项惠民政策，有力地保证了城乡居民基本养老保险制度的稳步实施，并通过实施社会保险扶贫，加大对贫困人口的兜底保障措施，使全县广大城乡居民“老有所养”的获得感、幸福感不断得到提升。

身为国家“三区三州”的深度贫困县，夏河全县总人口约 9.03 万人，藏族人口占 79.2%，其中农牧村人口 7.12 万人，占 78.9%，有藏族、汉族、回族等 18 个民族。夏河县人社局在脱贫攻坚中及时调整工作思路，全力围绕“应保尽保”多措并举，并总结出“1343”的工作措施和办法。“1”即一个目标：贫困人口城乡居民基本养老保险全覆盖；“3”即“三到位”：思想认识、保障措施、工作措施到位；“4”即“四到村到户到人”：政策信息传递和问题反馈到户到人、政策业务培训到乡到村、政策宣传到户到人、政策落实跟踪督查到户到人；“3”即“三一致”：脱贫目标、脱贫任务、脱贫信息数据一致。2018年，全县顺利通过脱贫攻坚省、州“贫困人口参加城乡居民基本养老保险全覆盖”的达标验收，全县贫困发生率降至1.36%。

落实工作责任　优化服务方式

自城乡居民养老保险扶贫工作开展以来，以脱贫攻坚为重心，着力解决经办服务不到位，参保信息不精准等存在的突出问题，夏河县上每周一通报、乡镇跟踪核查到位，对到龄享受待遇人员因身份信息导致未能按时领取待遇的通知公安部门实行上门服务，未迁移户口或未转移养老关系的上门动员迁移户口，在系统中实现关系接续，避免了群众来回跑的现象。充分利用现代科技手段来进一步提高老龄认证效率，在线实现网上转移关系，为待遇领取人员的资格认证和养老关系的转移提供了便利，基本实现了“让群众少跑路、让数据多跑路”，赢得了藏区群众的一致好评。

狠抓数据质量　核对数据信息

根据各乡镇摸底上报的数据，夏河县人社局与公安、计生部门的数据进行比对，确保参保人员信息数据真实有效。县人社局多次组织乡镇在大数据平台、国家扶贫开发系统和城乡居民养老系统中对全县建档立卡贫困户的信息数据进行核查比对，对信息错误的上门核对，对疑似未参保的不整改不放过，使贫困人口参保（续保）率达到100%，顺利通过了省州“贫困人口参加城乡居民基本养老保险全覆盖”的达标验收。

夏新县人社部门工作人员在办理城乡居民养老保险业务

增强风险意识　层层稽核数据

不虑于微，终成大疾。2019 年税务征缴实施后，针对征缴环节进账缓慢引起基金滞留现象，在前期的基础上建立人社、税务、银行联席会议机制，专门研究解决如何加快经办效率、降低基金风险问题，完善基金风险防控制度，确保业务有效运行“牵制链”，并在全县社保工作推进会上对所有乡镇专干进行警示教育。加强对待遇领取人员的稽核，实行每月县级通报、乡级核查制，在领取养老金资格认证的基础上积极开展上门现场稽核，确保基金安全。

全心全意服务　尽心竭力扶贫

——记青海省湟源县社会保险服务局严清宝

尽心竭力，真心实意为群众解决难题，参保、代缴、待遇发放专注投入，严清宝在青海省湟源县社会保险服务局城乡居民养老保险负责岗位上，全身心为贫困群众服务，投身社保精准扶贫工作，带领全局及各乡镇所有城乡居民养老保险经办人员，一起为全县的精准扶贫工作写出了精彩的篇章。

不怕受怨气　甘当出气筒

精准扶贫工作开始的初期，由于一些群众对扶贫政策不了解，不明白为什么自己没有被认定为贫困户的“运气”，对这些县里的干部意见很大，在走访和排查过程中被埋怨、遭挖苦、受委屈的情况简直就是家常便饭，但严清宝都能泰然处之，尽心竭力、真心实意为大家讲政策，想办法。他常说：“怕没用，大家有怨气又不是真的冲我，而我甘当‘出气筒’！”

严清宝是这样说的，也是这样做的。他随身带的笔记本上写满了群众的意见和建议，千方百计想办法为群众解决困难。比如有些独居的老人不会使用智能手机进行养老保险待遇领取生存验证，他就让乡镇经办员上门协助认证；有些村里的老人腿脚不方便，到不了县城进行社保卡信息采集，他就开车拉着负责社保卡的经办员带着相机和电脑上门进行采集。

参保、代缴、待遇一个不能少

参保一个都没有少。社会保险精准扶贫的重点任务，主要就是城乡居民养老保险的参保工作。为了摸清楚全县精准扶贫建档立卡人员城乡居民养老保险的参保情况，严清宝和同事们通过“金保工程”信息系统对照花名册进行了逐一核对。另一方面，依托全民参保登记信息采集工作，动员部署乡村两级社会保险经办人员开展了拉网式排查，准确掌握了全县精准扶贫人员的参保情况。

代缴一个都没有漏。扶贫工作初期，县上建档立卡贫困人员数据几经调整，要代缴的人员类型不同，每年省市县各级代缴比例也不同。在严清宝和单位负责人的努力下，保证了全县精准扶贫人员100%参保缴费，确保了城乡居民养老保险对湟源县贫困人口的全覆盖。

待遇一分都没有缺。2016年城乡居民养老保险基础养老金标准为每月145元，2016年至2019年逐步上调达到了每月185元。2016年至2019年，湟源县精准扶贫人员累计领取了养老保险待遇1392.32万元。每次的待遇调整和发放都能做到按时足额支付，没有一名精准扶贫人员待遇领取出现问题。这些数据的背后，是严清宝带领的团队加班加点反复核对、不厌其烦和金融部门沟通和协调的成果。

严清宝时刻牢记自己的共产党员身份和“记录一生、服务一生、保障一生”的社会保险服务宗旨，坚持把城乡居民养老保险精准扶贫工作做细做精，最终交出了一份令全县精准扶贫人员满意的答卷。

严清宝（左）为独居老人进行资格认证

织牢养老保险网　增强群众获得感

——青海省湟中县社保局积极推进社保扶贫工作

自脱贫攻坚工作开展以来，在青海省人社厅、省社保局、市社保局和县委县政府的指导、支持下，湟中县社会保险服务局以习近平新时代中国特色社会主义思想为指导，深入贯彻落实习近平总书记“四个扎扎实实”重大要求，坚持将社会保险和脱贫攻坚深度融合、形成合力，全方位开展社保扶贫相关工作，助力贫困群众早日脱贫，为全区坚决打赢脱贫攻坚战贡献力量。

提高政治站位——社保走好“扶贫路”

湟中县社会保险服务局高度重视社保扶贫工作，始终坚持把社保扶贫工作当作年度重点工作任务，及时组织召开相关工作会议，制定年度社保扶贫工作计划及目标任务，全程督导辖区内各乡镇（街道办）社保扶贫工作进展情况。

为加强贫困人口动态管理，确保社保扶贫工作“有的放矢”，湟中县社会保险服务局联合县扶贫、民政和残联等部门建立了贫困人口定时对接机制，定期进行数据更新比对。同时，多次与省社保局和县公安、统计等部门对接全县各类人口信息数据，及时比对分析，使数据信息共享程度最大化。

该局抽调工作人员联合各乡镇、村委会在全县范围内开展城乡居民养老保险扶贫兜底工作，分组深入村组开展摸底调查，重点核查人户分离、户籍不在本地、异地参保等人员信息，实时收集更新相关佐证资料，以村为单位形成贫困人口参保缴费、未参保缴费、养老金支付台账。通过一系列反复比对核查，进一步摸清了贫困人口参加各项社会保险和待遇保障情况，为社保扶贫提供了数据支撑。

在工作任务重、人员紧缺的情况下，湟中县社会保险服务局安排专人加班加点负责精准扶贫工作，以县扶贫办精准扶贫数据和民政局低保、特困人员数据为基础，与城镇企业职工和城乡居民养老保险管理系统数据进行详细比对，逐一排查，建立实时台账，形成各乡镇（街道）符合参保条件的困难群体详细数据，确定应参保和代缴养老金人员名单，分步开展工作。由主要领导带队，不定时地抽调工作人员分组前往各乡镇进行社会保险参保缴费情况督导，进一步了解工作中遇到的困难。对未参保的困难群体分类进行精确统计、列表标注，在及时反馈到各乡镇（街道）核实的同时，协同乡镇、村级经办人员引导动员贫困人员参保。

强化政策落实——社保政策“暖民心”

2016年以来，湟中县社会保险服务局立足“精准扶贫、保障基本”的原则，全力组织实施社会保障脱贫攻坚专项行动计划，全面落实各项社保惠民政策，让广大参保群众得到了实实在在的好处和实惠。

2016年、2017年、2018年、2019年全县建档立卡贫困人员参加城乡居民基本养老保险人数分别是23221人、21719人、21716人、21187人，符合参保条件的贫困人员参保率均达到100%。自2016年以来，全县为贫困人员代缴城乡居民养老保险费2.81万人次，299.42万元。

脱贫攻坚工作开展以来，湟中县城乡居民养老保险养老金标准实现3连调，月人均养老金标准由2016年的140元提高至目前的185元。同时，湟中县社会保险服务局实时掌握贫困人口享受养老金情况，确保养老金足额发放，做到应发尽发，为贫困群众脱贫增收尽一份力。自2016年以来，累计为贫困人口发放养老金31.72万人次，5341.37万元。

创新工作方法——服务群众"零距离"

湟中县社会保险服务局与县农行密切配合，在全省率先开展了城乡居民养老保险参保金银行批量预存代扣试点工作，全县16个乡镇（街道办事处）全面实现了城乡居民养老保险参保金银行批量预存代扣；与农行协调在全县成立城乡居民养老保险工作服务站362个，并布放"金穗支付通"转账支付电话，进一步方便60岁以上城乡居民就近领取养老金。截至目前，湟中县城乡居民养老保险是唯一一个全省银行代扣代缴业务全覆盖的地区。

这些措施的实施，进一步推进了全区城乡居民养老保险工作健康有序发展，实现了广大群众参保登记、保费缴纳、养老金领取、权益查询“四个不出村”。

湟中县社会保险服务局结合“不忘初心、牢记使命”主题教育，围绕“最多跑一次”改革工作，创新服务群众模式，拓宽业务办理渠道，使养老保险资格认证工作走在全省前列。大力推广省人社厅门户网站、“人社通”手机APP远程认证等服务渠道，养老保险待遇领取人员就地即可完成资格认证，实现了资格认证服务事项“不见面、马上办”。

营造宣传氛围——扶贫政策“入人心”

湟中县社会保险服务局审时度势，在日常宣传社保政策的基础上，通过“以会代训、集中宣传、入户宣传、网络宣传”等方式，广泛宣传社保扶贫政策。

2016年以来，该局先后召集乡镇工作人员、村“两委”班子和贫困人员开展扶贫政策集中宣讲会200余期，累计发放各类宣传材料80余万份，接受群众电话咨询、现场解答等50余万人次。及时组织召开城乡居民养老保险工作安排会议，将政府代缴保费、提高养老金标准等社保扶贫政策内容准确传达给各乡镇（街道办）社保经办人员，并实时解答政策疑问，确保社保经办人员吃透社保扶贫政策，做到社保扶贫政策“问不倒”。同时，印制城乡居民养老保险扶贫政策宣传折页、海报，按额分发给各乡镇（街道）和社区，要求乡镇（街道）和社区积极开展政策宣传活动。充分发挥基层工作人员的作用，积极组织驻村干部、第一书记及村“两委”成员开展政策培训，做到社保扶贫信息更新及时，时时掌握一本“明白账”，利用他们经常走村入户工作的有利条件，面对面开展上门宣传服务，给贫困人员讲政策、说实惠，调动其参保积极性，引导其主动参保，持续缴费。

通过以上多种方式，当地全方位地对扶贫政策进行宣传，确保了各项惠民政策的精准落地，有效提高了广大群众特别是贫困户对各项兜底保障政策的知晓率和群众满意度。

“念念不忘，必有回响。”湟中县社会保险服务局认真贯彻落实中央和省、市、县关于社保扶贫的各项决策部署，面对人口多、时间紧、任务重、人员紧缺等重重困难，全局上下齐心协力，克坚攻难，不断探索创新，精准发力，始终坚持真扶贫、扶真贫的原则，通过不懈的努力，全区社保扶贫工作取得了阶段性突破，出色完成了各项社保扶贫工作任务，也为整县脱贫“摘帽”工作提供了有力保障。

用实劲 做实事 求实效

——记宁夏人社厅禹介泉

近年来，宁夏城乡居民养老保险扶贫工作多次得到上级部门肯定表扬。宁夏人力资源社会保障厅养老保险处工作人员禹介泉就负责这项工作。他干一行爱一行，短短的6年时间，从一名部队干部逐步成长为养老保险专业的行家里手。

“始终牢记脱贫攻坚政治硬任务，抢抓机遇，主动作为，实实在在地做一些管长远、让贫困人员受益的事。”禹介泉说。

做贫困人员代言人——全心全意为他们脱贫增收服务

2013年10月，禹介泉转业到了宁夏人社厅，分管城乡居民养老保险工作，服务城乡低收入群体，这一干就是6年多。

2020年1月，宁夏回族自治区提高了城乡居民养老保险基础养老金标准。这是自2009年养老保险制度建立以来，宁夏第七次调整基础养老金标准，人均达到了198元。2020年，宁夏包括个人账户养老金在内的城乡居民养老保险人均养老金水平达到202元，占2019年宁夏农民人均可支配收入五分之一的水平，保障了48万城乡低收入老年人员的基本生活。

“城乡居民养老保险基础养老金全部由政府承担，每调整一次都不容易。这要得益于党中央、国务院和自治区党委、政府对民生工作的高度重视。也是我厅主动作为、部门间协同合作的结果。我既然选择服务城乡低收入群体，就要用心做好贫困人员代言人的工作。”禹介泉说。

为了提高基础养老金标准，禹介泉想方设法，建议将调整工作列入自治区政府为民办30件实事之中，或者作为人大、政协建议提案的议题等方法来达到目的。

2018年，禹介泉借助中央建立城乡居民养老保险待遇调整和基础养老金正常调整机制的机会，把制度建设放在宁夏经济发展的全局统筹考虑，把对上负责与对下负责统一起来，坚守底线，建立了具有宁夏特色的“两个机制”。从2019年开始，连续3年调整基础养老金标准，分“四个年龄段”对65岁以上老人给予补贴，在全国率先将12个缴费档次调整为6个。

到地方工作以来，禹介泉积极建言献策，借势做事，解决热点难点问题，相继出台了劳务移民社会保障、为建档立卡和特困等六类贫困人员代缴养老保险费、脱贫不脱政策等利民惠民的政策性文件，不仅实实在在地让宁夏贫困人员受益，还有力地助推了脱贫攻坚工作开展。

分管领导高度评价，称禹介泉同志是省厅军转干部的优秀代表之一，有热情、有干劲、有方法、讲原则，善于重新学习，在城乡居民养老保险制度建设、扶贫、被征地农民政策上做出了优异的成绩。

善于学习——
完成角色快速转换

禹介泉从部队转业到宁夏人社厅后，从零起步，完成了从军人到地方专业人员合格化的转变。

“决定转业后，我从心态上做好了从零开始再当一次新兵的准备。虽然经过部队锻炼，培养了我从大局看问题、吃苦耐劳等能力，但养老保险建设与经济发展紧密相连，处在不断地变化中，其专业性强、延续时间长、知识更新快，需要下点功夫重新学习。”禹介泉说。

2016 年，党中央、国务院吹响了打赢脱贫攻坚战的号角。对城乡居民养老保险扶贫工作来说，面临一个全新的任务，没有现成的经验

禹介泉在参加城乡居民养老保险扶贫工作

可以借鉴。禹介泉坚定践行习近平总书记关于扶贫工作的重要论述，把中央精神和宁夏扶贫工作实际结合起来，总结梳理出宁夏社会保险扶贫工作6项任务，推动社保扶贫工作取得突出成效。同年11月，他在人社厅“人社业务大讲堂”围绕社会保险扶贫工作的发言，受到大家的热评和肯定。

平时，禹介泉还加强自主学习，研究了《社会保险法》《社会保险法释义》等，积极参加业务培训，收集下载有关领导讲话、其他省市经验、养老保险最新知识等方面的文章数十万字，边学边总结，在学中干、干中学，专业能力不断提高。

禹介泉回忆，在转业的六年里，分管领导一路给予他专业上有力的指导和支持，帮助他梳理宁夏职工养老保险发展历程，串联讲解历年文件出台的背景和主要变化。领导同事的帮助，帮助禹介泉快速提升了职业素养。

倾心服务——解开群众心中的“结”

2013年11月，一位70多岁的老人拄着拐杖，在儿子的陪同下，到宁夏人社厅反映自己的工龄问题。

老人对之前工作人员的回答不是很满意，情绪比较激动。

接待任务转到了禹介泉身上。他接过老人的材料后，给老人倒了一杯开水，就边熟悉材料，边耐心听老人讲述，不时地点头回应。

熟悉了材料，待老人的情绪稍稍平复后，禹介泉坐到老人身边，真诚地、由己及人地和老人讲政策、话历史、谈看法。经过近半个来小时推心置腹地交谈，老人心中的“结”慢慢解开。

老人满意地起身离开，他扶着老人，一直送到电梯口。

“接待来访人员，是面对面服务人民最好的机会。态度上要真诚、由己及人、以心交心；服务上要倾心尽力，善于把握细节。对在政策范围内的事，要积极协调解决，但也要敢于坚持原则，公平公正地处理问题，纠正‘大闹大解决、小闹小解决，不闹不解决’的现象。”禹介泉深有感触地说。

禹介泉在服务好参保人员的同时，还充分发挥组织协调能力，讲究工作方法，调动各级行政、经办、信息人员的工作积极性，营造团结协作、相互帮助的干事氛围，做好服务保障工作，让下级安心、上级放心、同级热心。

2019 年，禹介泉依托人社部扶贫信息平台，把各级行政、经办、信息人员凝聚在一起，一道核数据、解难题、想方法，全方位核查建档立卡贫困人员信息，编织起核查工作的同心圆，确保了建档立卡贫困人员应保尽保、应代尽代、应发尽发。

决胜“主战场” 展现新作为

——宁夏回族自治区固原市社保中心积极推进社保扶贫工作

宁夏回族自治区固原市地处六盘山集中连片特困地区的核心，是全区唯一一个全域贫困市，也是脱贫攻坚的主战场。近年来，固原市社保中心坚持以人民为中心的发展思想，聚焦“扩面提标、改革创新、优化服务、助力脱贫”目标，担当作为、务实苦干，提前实现了贫困人口参保“全纳入”、缴费“全代补”、待遇“全提标”，广大贫困人员通过社保扶贫走进“春天里”。

靠前指挥 全员参战——精准指导基层社保扶贫工作

“小智治事，大智治制。”面对全市30多万建档立卡贫困人口脱贫的艰巨任务，固原市社保中心因地制宜、守正创新，建立与市直有关部门、各县（区）协调联动机制和扶贫工作台账制度，实现扶贫数据实时共享。

中心主要负责人靠前指挥，50多名干部全员参战，对基层社保扶贫工作实时精准指导。

“几年来，我们探索推广‘4321’工作方法，推进市、县、乡、村‘四级联动’，坚持底数、任务、时限‘三个精准’，确保信息化、待遇水平‘两个提升’，实现贫困人口基本养老保险全覆盖这样‘一个目标’。”城乡居民社会保险管理科科长邓萍深有感触地说。她时常将上小学的儿子托付给邻居照看，带领工作人员加班加点，进村入户摸排核查，切实做到村不漏户、户不漏人。

2018 年，固原市在全国社保扶贫工作推进会上作了典型经验交流。2019 年获固原市五一劳动奖状，受到社会各界一致好评。

创新方式　精简流程——推进数字化转型和“不见面”服务

民生为本，服务至上。固原市社保中心始终将群众装在心里，创新服务方式，精简服务流程，深入推进社保经办数字化转型和网上“不见面”办理服务。

“我常年在外地居住，每年都要回来办理领取养老金待遇资格认证，很是不便。2019 年，市社保中心工作人员通过手机视频帮助我用‘掌上 12333’完成了认证，省时省力又省心，我再也不用来回坐车折腾了！”原州区张易镇闫关村村民石菊杏由衷地为社保工作点赞。

2019 年，固原市社会保险待遇资格网上认证 13.8 万人，“不见面”办理率达 92%。同时，深入推进窗口行风建设，打造的热心、爱心、细心、耐心“四心”服务品牌已叫响全国，社保经办大厅负责人蔡兰被评为全国首届“人社服务标兵”和“人社系统优质服务先进个人”。

兜牢底线　助力脱贫——切实保障贫困群众基本生活

兜牢底线，助力脱贫。固原市社保中心坚持补齐民生短板，不断做实城乡居民基本养老保险体系建设，切实保障贫困群众基本生活。

62 岁的原州区头营镇冯洼村村民马成云，曾靠捡破烂为生，领到养老金后感慨不已：“我一分钱都没缴过，如今每个月都会准时领到‘工资’，生活有了保障，党的政策好，社保干部真心为百姓办事。”

马成云的经历是固原社保事业造福贫困群众的一个缩影。

2019 年，固原市共为 25.58 万名贫困人口代缴了养老保险费，为 5.52 万名 60 周岁以上贫困人口发放了养老金，年人均养老金达 2040 元，占全市农村居民可支配收入的 21.3%。

社会扶贫兜牢了民生基本底线，固原市社保工作者用心用情用力为打赢脱贫攻坚战书写下社保扶贫的“固原答卷”。

固原市社保中心工作人员下乡宣传政策

平凡见真情　做贫困群众的贴心人

——记新疆阿克苏地区社会保险中心韩芳学

在社保扶贫的道路上，最强大的力量来源于初心，最华丽的篇章见之于奋斗，新疆阿克苏地区社会保险中心韩芳学就是社保扶贫道路上的践行者。近年来，他严格按照社保扶贫助力脱贫攻坚的安排部署，紧盯贫困人员政府代缴和待遇享受两项重点任务不放松，2019年共为4.3万名符合条件的建档立卡贫困人口代缴保费，确保2.6万名贫困人员每月按时享受城乡居民养老待遇，取得实实在在的成效，提升了贫困群众的获得感、幸福感和安全感。

大胆尝试社税联合办公
提高社保扶贫效率

2019年以来，根据社税划转工作的职责分工，人社部门负责参保人员信息的登记和变更，税务负责征收。韩芳学大胆尝试采取地、县两级社保中心和税务部门联合办公方式，互相交流数据，当面反馈处理问题，有效提升贫困人员身份核实的效率，在全疆率先完成贫困人员身份标识工作，为后期政府代缴工作奠定扎实基础。

申请新增业务模块
优化社保扶贫经办流程

随着社保扶贫工作的不断深入，新的业务需求不断增多，韩芳学便留意搜集县级工作人员反馈的新业务操作需求，并进行精心而系统地整理，先后向自治区信息中心提出“贫困人员未来2个月到龄人员信息查询模块”等6条新的业务需求，不仅提高了社保中心业务人员的经办效率，极大地方便了办事群众，同时还很好地解决了数据传输滞后、新增贫困人员信息掌握不准确的问题。

阿克苏地区人社局韩芳学（左二）到温宿县古勒阿瓦提乡巴格其村贫困户家宣传社保扶贫政策

用真情服务
当好贫困人员的“办事员”

“自己不用掏一分钱，也能享受党的好政策。”这是2019年8月份刚满60周岁的阿布都老人逢人就说的一句话。2019年，像他这样符合自治区到龄直接享受城乡居民养老待遇条件的贫困人员共有1065名，全部及时办理了养老金领取手续。

扶贫工作业务量大，工作冗杂，经办工作中难免产生倦怠情绪，但韩芳学总是以昂扬的精神状态投入到每日的数据调度、基层经办问题反馈处理等工作中。功夫不负有心人，2019年，阿克苏社保扶贫工作在各级社保经办人员的努力下，严格贯彻落实党中央、国务院打赢脱贫攻坚战决策部署各项措施，贫困人员政府代缴工作完成率达到100%，60周岁以上贫困人员待遇应发尽发，得到各级领导和贫困人员的充分肯定。

大事记

2017 年 8 月 1 日，《人力资源社会保障部　财政部　国务院扶贫办关于切实做好社会保险扶贫工作的意见》印发，规定对建档立卡未标注脱贫的贫困人口、低保对象、特困人员代缴部分或全部最低标准城乡居民养老保险费。

2017 年 8 月 29 日，人社部办公厅下发关于贯彻落实社会保险扶贫工作意见有关问题的通知，并同步印发社会保险扶贫政策解读。

截至 2017 年底，全国 60 岁以上享受城乡居民养老保险待遇的贫困老年居民超过 1681 万人，其中建档立卡未标注脱贫人口 1088 万人，低保对象约 770 万人，特困人员约 208 万人；实际享受代缴保费的贫困人员人数超过 1515 万人，其中建档立卡未标注脱贫人口约 840 万人，低保对象约 449 万人，特困人员约 200 万人；代缴总金额超过 15.7 亿元。在 2017 年国务院扶贫办第三方评估中，城乡居民养老保险扶贫工作被评为“优”。

2018 年 1 月 24 日，游钧同志带队到四川省布拖县调研督查社会保险扶贫工作。

2018 年 1 月 25 日，人社部在四川省凉山州召开全国社会保险扶贫工作推进暨经验交流会。游钧同志出席会议并讲话。四川等 24 个有深度贫困县的省（区、市）、部分深度贫困县（市、区）人社部门负责同志和国务院扶贫办及部属有关单位负责同志参加了会议。

2018 年 3 月 6 日，人社部农村社会保险司、信息中心与国务院扶贫办开发指导司、信息中心共同签订《人力资源社会保障部国务院扶贫办社保扶贫信息共享合作协议》，正式建立了数据定期共享机制。

2018 年 3 月 26 日，经党中央国务院批准，人社部、财政部《关于建立城乡居民基本养老保险待遇确定和基础养老金正常调整机制的指导意见》印发，规定建立激励约束有效、筹资权责清晰、保障水平适度的城乡居民基本养老保险待遇确定和基础养老金正常调整机制，推动城乡居民基本养老保险待遇水平随经济发展而逐步提高。

2018年5月4日，游钧同志主持召开人社部社会保险扶贫专项组会议，审议人社部社会保险扶贫专项组工作方案及社保扶贫三年行动方案，通报2018年一季度社保扶贫工作进展情况，研究下一步主要工作。

2018年6月5日至8日，游钧同志带队到甘肃省兰州市、临夏州开展调研，听取省、市（州）、县情况汇报并与当地党政领导以及人社、扶贫、财政、民政等有关部门同志座谈，深入贫困乡贫困村走访建档立卡贫困户，了解群众经济收入、就业社保等情况。

2018年7月10日，游钧同志主持召开人社部社会保险扶贫专项组会议，以“学习贯彻习近平扶贫开发重要论述，深入推进社会保险扶贫工作”为题讲授党课。

2018年8月，结合扶贫工作开展需要，通过金保工程二期项目，启动建设人力资源社会保障扶贫信息平台。

2018年10月18日上午，中央第十巡视组进驻人社部，吴海英组长主持动员会，张纪南同志汇报人社扶贫工作，吴海英同志讲话，对做好专项巡视工作提出要求。人社部社会保险扶贫专项组成员单位处以上干部参会。

2018年10月22日，游钧同志主持召开人社部社会保险扶贫专项组会议，深入学习中央第十巡视组动员会精神，梳理、深挖社会保险扶贫领域问题，研究举措，制定方案，立行立改。

2018年10月24日下午，游钧同志主持召开社会保险扶贫专项组会议，深入查找社会保险扶贫中存在的问题，认真研究整改措施。

2018年10月29日下午，人社部党组召开人社扶贫问题查摆及整改措施会议，部党组各位成员汇报各专项组相关情况，张纪南同志讲话，提出要求。

2018 年 10 月 30 日上午，游钧同志召开分管单位前三季度“一岗双责”工作调度会和社会保险形势分析会，听取社会保险扶贫等工作情况汇报，分析形势研究做好下一步相关工作。

2018 年 10 月 30 日下午，人社部农村社会保险司主要负责同志带队到财政部社保司就做好社会保险扶贫工作、2019 年提高城乡居民基础养老金最低标准、加大对“三区三州”的支持及实现贫困人员城乡居民养老保险应保尽保等事宜进行沟通协商。

2018 年 11 月 2 日，人社部召开“三区三州”深度贫困地区人社扶贫工作座谈会，听取“三区三州”有关工作情况汇报及意见建议，张纪南同志及其他部领导讲话，部署相关工作，提出明确要求。

2018 年 11 月 12 日，人社部办公厅关于加快实现贫困人员城乡居民基本养老保险应保尽保的通知印发，规定 2018 年 12 月 1 日至 2020 年 12 月 31 日期间，年满 60 周岁、未领取基本养老保险待遇的贫困人员可纳入城乡居民基本养老保险制度，并按月发放待遇。

2018 年 11 月 29 日至 30 日，人社部农村社会保险司在江苏省苏州市召开部分省市被征地农民社会保障工作座谈会，通报全国社会保险扶贫和城乡居民养老保险工作进展情况，对做好下一步工作提出要求。

2018 年 12 月 4 日，游钧同志主持召开人社部社会保险扶贫专项组会议，传达学习第 28 次部党组会议关于扶贫工作有关精神，研究完善部党组成员指导推动地方人社扶贫工作方案、关于中央脱贫攻坚专项巡视查摆问题整改方案、关于“三区三州”人社扶贫立行立改方案，安排部署社保扶贫重点工作。

2018 年 12 月 13 日，人社部农村社会保险司在安徽省金寨县召开全国城乡居民养老保险年度工作总结会，对全国社会保险扶贫和城乡居民养老保险工作进行总结调度，通报中央脱贫攻坚专项巡视情况，传达人社部和社会保险扶贫专项组有关会议精神，听取各地相关情况汇报，研究解决重点难点问题。

2018 年 12 月 21 日，社会保险扶贫专项组召开会议，研究安排 2018 年第四季度社会保险扶贫工作情况调度及 2018 年社会保险扶贫年度总结工作，筹备 2020 年全国社会保险扶贫推进暨城乡居民养老保险工作会议。

2018 年 12 月 27 日，游钧同志召集社会保险各单位负责人，研究 2019 年社会保险扶贫专项行动安排。

2018 年 12 月 28 日晚，游钧同志主持召开联系省份人社扶贫工作对接座谈会，听取云南、广西、宁夏、内蒙古、湖北、贵州人社扶贫工作汇报和意见建议，就做好人社扶贫工作提出要求。

截至 2018 年底，全国 60 岁以上享受城乡居民养老保险待遇的贫困老年居民超过 2195 万人，实际享受代缴保费的贫困人员超过 2741 万人，代缴总金额 28 亿元，城乡居民养老保险使 4937 万贫困人员直接受益。未参加基本养老保险的贫困人口从巡视前的 1113 万人减少到 766 万人，贫困人口基本养老保险参保率超过 95%。

2019 年 1 月 26 日上午，中央第十巡视组对人社部党组开展脱贫攻坚专项巡视情况反馈，吴海英同志反馈意见，杨晓超同志讲话，张纪南同志主持会议并作表态发言。人社部农村社会保险司主要负责同志现场就社保扶贫问题接受中央电视台采访。

2019 年 1 月 26 日下午，张纪南同志召开人社部党组会议，研究中央巡视反馈意见整改工作。

2019年1月30日上午，游钧同志召开社会保险形势分析会，研究梳理社会保险扶贫领域查摆问题清单、整改任务清单及责任清单。

2019年2月1日下午，社会保险扶贫专项组召开会议，研究搭建人社扶贫信息平台，进一步做好社会保险扶贫数据比对等工作。

2019年2月14日上午，游钧同志参加人社部农村社会保险司召开的巡视整改大学习大讨论大反思活动，同日下午召集人社部农村社会保险司、社保中心、信息中心有关负责人研究推动贫困人员基本养老保险应保尽保问题。

2019年2月19日，游钧同志主持召开人社部社会保险扶贫专项组会议，审定《人社部社会保险扶贫专项组巡视整改工作方案》，讨论修改《推动贫困人口基本养老保险应保尽保专项工作方案》，对专项组成员单位进行调整充实。

2019年2月20日，人社部办公厅印发《关于利用人社扶贫信息平台做好社会保险数据核实报送工作的通知》，建立上下协同的数据核实报送机制，形成全国社会保险贫困人员基础信息库，为贫困人口参保扩面、社会保险精准扶贫提供技术支撑。

2019年2月26日，人社部在云南省昆明市召开全国社会保险扶贫推进暨城乡居民养老保险工作会议，游钧同志出席会议并讲话。会议传达学习中央脱贫攻坚专项巡视反馈会议、人社部扶贫工作推进会精神，总结2018年社会保险扶贫工作，部署2019年社会保险扶贫工作。

2019年2月26日，游钧同志主持召开内蒙古、湖北、广西、贵州、云南、宁夏6省区人社扶贫工作座谈会，听取参会负责人有关情况汇报，对做好人社扶贫工作提出要求。

2019年2月26日，人社部人社扶贫信息平台上线运行。系统可支持地方开展社保扶贫核查工作，动态掌握本地区贫困人员基本情况，逐人逐条核实更新参保信息，实现对建档贫困人员社会保险参保情况精细化管理。

2019 年 2 月 27 日，游钧同志出席在云南昆明召开的全国社会保险局长会议并讲话，对做好社会保险扶贫经办和信息化工作进行了部署。

2019 年 3 月中下旬，人社部社会保险扶贫专项组派出 12 个调研组，分赴有建档立卡贫困人口的 24 个省份调研督导贫困人员基本养老保险应保尽保工作。

2019 年 4 月 11 日，人社部社会保险扶贫专项组召开全国推进贫困人员城乡居民基本养老保险应保尽保工作视频会，通报贫困人员城乡居民基本养老保险应保尽保工作推进情况，安排部署下一步工作。部、省、市、县四级城乡居民养老保险行政、经办、信息化工作负责人和相关人员共 16000 余人参加会议。

2019 年 11 月 21 日，游钧同志主持召开就业扶贫、人社部社会保险扶贫专项组会议，听取巡视整改情况汇报，讨论研究下一阶段重点工作，对迎接巡视“回头看”作出部署。

2019 年共为 2529.4 万建档立卡贫困人口、1278.7 万低保对象、特困人员等贫困群体代缴城乡居民养老保险费近 42 亿元，为 2885.5 万贫困老人发放养老保险待遇，6693.6 万贫困人员从中受益。截至 2019 年 12 月 31 日，全国 5978 万符合条件的建档立卡贫困人员参加基本养老保险，参保率达到 99.99%，基本实现贫困人员基本养老保险应保尽保。在 2019 年国务院扶贫办第三方评估中，城乡居民养老保险扶贫工作被评为“优”。

2020 年 3 月 2 日，人社部召开全国社会保险局长视频会议，游钧同志出席会议并讲话，重点部署统筹做好疫情防控和全年社保工作，突出强调要打赢打好社保扶贫攻坚战，确保贫困人口基本养老保险全覆盖。

2020 年 4 月 3 日，游钧同志主持召开了人社部社会保险扶贫专项组会议，听取专项组工作汇报，分析了社保扶贫面临的形势任务，审定了人社部社会保险扶贫专项组巡视“回头看”整改工作方案，对下一步重点工作进行了安排部署。

2020 年 5 月 22 日，人社部社会保险扶贫专项组召开全国贫困人员城乡居民养老保险应保尽保工作视频调度会，调度分析当前贫困人员基本养老保险应保尽保工作情况，研究部署下一步重点工作。

2020 年 5 月 28 日，人社部办公厅、民政部办公厅、财政部办公厅、国务院扶贫办综合司关于进一步做好贫困人员基本养老保险应保尽保工作的通知印发，进一步巩固扩大了应保尽保成果。

截至 2020 年 8 月 31 日，全国共有 5941.68 万建档立卡贫困人口参加基本养老保险，参保率为 99.994%。